낯설고 다정한 나의 도시

낯설고 다정한
나의 도시

박유미 에세이

추천의 글

주혜진
(대전세종연구원 선임연구위원)
『대전은 왜 노잼도시가 되었나-성심당의 도시 대전이 만들어진 이유』 저자

처음 살아 보는 도시든 오래도록 살고 있는 도시든, '나의' 도시가 되는 계기와 시간은 꼭 필요한 것 같다. 나의 도시가 되어야 비로소 도시에서 살 이유가 완성되기 때문이다. 박유미의 『낯설고 다정한 나의 도시』는 익숙하다고 생각해 온 대전에서 저자가 경험하고 만들어 간 도시의 '낯설고 다정한' 순간들에 대한 기록이다. 안다고 생각했던 대전을 조금씩 새로 알아 가는 과정과 거기서 저자가 느낀 감정과 생각을 솔직하게 풀어냈다.

대전으로 (돌아)오기 전 저자가 거친 장소와 만난 사람들, 그리고 사건들은 결국 대전에서의 삶과 연결되고, 하나하나 엮

여 저자의 '지금'을 형성한 퀼트가 된다. 이응노미술관부터 만화방, 갑천 둔치에서 산부인과까지 일상의 장소들에서 저자가 경험한 소소함과 아름다움, 그리고 즐거움은 섬세하게 포착되어 독자들에게 읽는 재미를 준다.

아메리카노가 맛있는 카페와 책모임, 흔한 간식거리들에서 마주한 소박한 반가움이 즐겁다. 나도 얼른 선화동 프렐류드에 가서 동글동글한 얼굴을 가진 캐릭터 소품이나 은은한 향기를 가진 연필을 구경하고 싶어졌다. 그림책방 넉점반에서 발견한 동화 같은 그림책이 결국 어른을 위한 것이었음을 다정한 책방 주인과 나누고 싶어졌다.

도시를 단순한 배경이나 스치는 공간이 아니라, 자기 삶의 어떤 부분과 강하게 연결돼 있는 지점이라 말하는 『낯설고 다정한 나의 도시』를 읽다 보니 저자인 박유미와 조금은 친해진 것 같다.

은행동에서, 신성동에서 자신이 느끼는 감정을, 가끔은 살짝 놀라도록, 솔직하게 드러내는 저자 덕분에 익숙했던 그 동네들이 조금은 신선해지기도 했다. 익숙한 곳이 신선한 면을 드러낼 때 그곳은 매력을 얻고 또 들러 볼 수 있는 재밌는 장소가 된다.

박유미의 대전이 어떤 곳인지 이야기를 듣고 있으니, 이 도시가 단순히 건물이나 길의 집합이 아니라 수많은 이야기와 감정이 묻어 있는, 섞여 있는 공간이라는 걸 다시 깨닫게 된다. 당신에게 익숙한 도시 어디에서 지금 너무 지루하다면, 이 책과 함께 짧은 여행을 해 보는 게 좋겠다. 익숙한 곳에서 새로운 것을 발견해 낸 저자의 시각과 감각 덕분에 당신도 익숙한 곳에서 새로운 재미를 발견할 수 있을 것이다.

저자

박유미

박유미는 1988년 서울에서 태어났다. 4곳의 초등학교와 2곳의 중학교를 다녔다. 낯선 동네에 대한 막연한 공포가 이때부터 시작되었다. 고등학교는 3년 내내 같은 곳이었지만(심지어 학교 기숙사에 살았지만) 교문 200미터 바깥의 지리를 거의 모른다.

서강대학교에서 국어국문학과 신문방송학을 전공했다. 2학기를 마칠 때까지 학교 앞 버스 정류장 위치를 정확히 기억하지 못했다. 여성신문, 오마이뉴스, 네이버에서 인턴 생활을 했다. 길을 찾고 싶다는 갈망, 그리고 찾아야 한다는 부담으로 가득했다.

kth에서 모바일서비스 기획자로 2년 동안 일하다가, 드디어, 길을 잃었다. 덕분에 마음을 모든 길에 열어 놓는 1년의 여행을 시작했다. 대책 없는 여행을 마치고 산문집 『가장 안쪽에서 가장 먼 곳까지』를 만들었다.

23개국을 떠돌고 나서 결심한 것은 머무르는 삶이었다. 대전에 터를 잡아 새로운 사람들을 만나고, 가족을 이루고, 이웃을 사귀었다. 그렇게 만든 '나의 도시'에 친구를 초대하고, 책방과 빵집을 여행하며 살아간다.

현재 박유미는 동 행정복지센터에서 근무하는 공무원이다. 4살 아이와 남편을 데리고 친정 근처에서 사는 '동네사람'이기도 하다.

목차

추천의 글 5

어디 사세요 13
바깥으로부터 19
첫 만남과 만남들 37
가족의 발명 55
302호와 304호 81
초대 손님 95
오늘도 책방으로 119
정림동 빵집들 149
헤맴과 여행 171

책에서 소개한 장소들 182

어디 사세요

여기에서 살아가기로 했어요

밤하늘 별들이 한데 쏟아진 듯 갑천 너머가 촘촘히 반짝였다. 물끄러미 강 건너 도안동을 바라보았다. 아파트 단지가 짙은 어둠을 헤치며 조명을 내뿜었다. 빛나는 성채 한구석 저 작은 점은 얼마짜리일까. 시세를 들어 보니 발 들이밀 엄두도 나지 않았다. 우리 집과 이렇게나 가까운 곳에 전혀 다른 세상이 있다니. 주택청약에 성공해 넓고 깨끗한 집으로 이사한 지인들이 떠올랐다. 한동안은 그쪽 동네를 지나칠 때마다 괜히 마음이 울적했다. 나는 반짝이는 도안동을 질투하느라 허덕였다.

어디 사느냐는 질문에 도안동이라 답하며 속으로 우쭐하는 상상을 해 보았다. 둔산동 쪽 아파트를 대는 게 더 있어 보이려나. 집값이 하늘 높이 치솟은 서울에 비할 바 아니겠지만. 강남 한복판에 내 집 있으면 부러울 게 없겠지. 코 앞에 센트럴파크가 있는 뉴욕 주택가에 살면 위세가 얼마나 대단할까. 지구 반대편으로 나를 보냈다가 헛웃음 지으며 제자리로 돌아왔다.

무의미한 줄 세우기로부터 벗어나 내가 서 있는 위치, 내가 머문 공간, 내가 걸어온 길을 찬찬히 들여다보았다. 비로소 저

도안동 야경

멀리 어딘가가 아닌 지금 여기가 보이기 시작했다. 나와 장소가 이루는 관계에 주목하자 대수롭지 않게 반복되던 하루가 새롭게 해석되었다. 매일 들르는 버스정류장에서 나만의 역사가 쌓이고, 무심코 들어간 가게와 추억이 깃든 공원에서 나만의 동화가 태어나고 있었다.

나의 손길이 스치고 발걸음이 닿은 공간은 이전과 다른 새로운 색깔로 물들어 오직 나만을 위한 이야깃거리를 만들어 낸다. 사람과 장소가 만나는 방식은 제각각이기에 누구나 오갈 수 있는 곳에서도 모두 저마다 다른 이야기를 듣는다.

'대전광역시 서구 정림로 62'에는 훤칠한 미용사가 운영하는 작은 미용실, 정림헤어가 있다. 내가 단골로 삼은 자리는 창가로부터 두 번째 좌석. 미용 가운을 걸치며 주절주절 근황을 전하느라 어떻게 손질해 달라는 주문은 깜빡하기 일쑤다. 안부가 오가는 사이 내 필요를 간파한 미용사는 어느덧 바이올린 켜듯 부드럽게 가위를 움직인다. 제멋대로 뻗은 머리칼이 목덜미를 덮지 않도록 깔끔하게 다듬는다. 생활에 지치면 나를 돌보는 일은 언제나 맨 뒤로 미뤄졌다. 정림헤어의 미용사가 내 머리를 세심하게 매만지며 말없이 응원했다. '우리는 스스로를 보살피고 서로를 격려하며 살아갈 수 있어요.' 의자에 깊숙이 기대며 거울 너머에 앉은 낯선 얼굴을 바라보았다. 나의 새 시절이 창가에서 두 번째 자리에서 일어나 씩씩한 걸음으로 나설 때까지.

정림헤어를 비롯한 수많은 장소가 나에게 선사하는 이야기 덕에 대전살이가 풍요로웠다. 빵 사러 들어갔다가 책 선물 받고 나오는 싱크오어스윔, 들르기만 하면 꼭 한 시간씩 수다를 떨고야 마는 넉점반 그림책방, 가까운 행복으로 나를 가슴 벅차게 만드는 커먼즈필드 대전. 나는 무성한 이야기 사이를 탐험하며 대전 곳곳을 실컷 누렸다.

'어디에서' 사는지 말할 때 지역에 대한 편협한 시선 탓에 생생하고 구체적인 삶이 뭉개지곤 한다. 나는 '누가, 언제, 무엇을, 어떻게, 왜' 살고 있는지 부연하고 싶었다. 여기에서 살 수밖에 없는 사정과 여기에서 살아가기로 한 결심이 엮여 한 사람의 삶을 만들어 나간다. 그 지극히 사적이고 내밀한 장면을 들여다봄으로써 좀 더 온전하게 지역을 이해할 수 있다고 생각한다.

아주 멀리서부터 헤매다가 기어코 찾아낸 나의 도시, 대전. 지방 생활이 갑갑한 이에게, 혹은 서울 변두리에서 소외를 느끼는 이에게, 나의 대전 이야기는 곧 당신이 사는 곳의 이야기일지도 모르겠다. 책을 덮을 때쯤 '이 정도는 나도 쓸 수 있겠는데'라며 각자의 동네를 새삼스레 들여다볼 수 있다면 좋겠다. 더 많은 사람이 자기 이야기를 하고 더 많은 중심이 생겨나길 바라며 이 책을 만들었다.

자, 이 도시의 매력에 빠져들 준비를 마친 당신에게 맨 먼저 소개할 곳은 바로 '대전의 바깥'이다.

바깥으로부터

서울

열아홉 살 나에게 서울은 당연하고 유일한 선택지였다. 내 능력을 증명하고 가치를 인정받을 수 있는 공간은 서울밖에 없다고 여겼다. 몇 살 더 먹는다고 다른 공간을 상상할 여유가 생기지는 않았다. 그렇게 서울에 있는 대학교를 졸업하고 서울에 있는 회사에 취업했다.

TV에서나 보던 대치동 은마아파트나 압구정 현대아파트가 친구와 동료의 고향이라는 게 신기했다. '평생 서울에서만 살아 봐서 다른 데로 갈 생각은 안 해 봤다'고들 했다. 모두가 나처럼 절박한 마음으로 서울에 입성한 건 아니었다.

어디에서 왔냐는 질문을 받을 때면 간단하게 대전이라고 대답했다. 거듭된 전출입이나 고등학교 기숙사 생활까지 궁금한 건 아닐 테니 당시 부모님이 살고 계신 도시로 둘러댔다. 그러나 스스로 대전 사람이라 여기지 않았고, 내가 서울 사람이 될 수 있으리라 기대하지도 않았다.

신입사원 공채로 입사한 첫해에 과분하게 신규사업 기획 업무를 맡았다. 윗분들이 특별한 관심을 두는 프로젝트였다. 내가 동기들 사이에서 두각을 드러내 적임자로 뽑혔다고 믿었다. 자부심과 의욕이 가슴 속에서 이글거렸다. 인재들이 합리적이고 창의적인 방식으로 일할 수 있는 곳이라고 업계 평이 좋은 회사였다. 좋아하는 일을 잘할 수 있는 곳에 속해 있다니 더 바랄 게 없었다.

프로젝트 매니저이자 기획팀장 자리에는 화려한 경력을 지닌 외부 인사가 영입되었다. 거액 연봉에 관한 풍문이 직원들 사이에 떠돌았다. 오래전부터 그의 통찰력에 감탄하며 트위터 계정을 구독하던 나는 기대감에 부풀었다. 서비스의 본질을 짚어내고 가치를 창조하는 작업을 직접 경험할 기회였다. 그가 우리 팀에 부임한 이후 기획 업무의 정수를 바로 곁에서 배우고 있다는 기쁨으로 나는 매일 뿌듯했다. 월급을 안 받아도 좋다고 생각할 정도였다. 회사는 돈을 버는 곳이 아니라 나를 성장시키고 꿈을 이뤄 주는 곳이었다. 철없는 생각이 나를 낙오의 길로 이끌 줄도 모르고 열정을 불태우며 이십 대 중반을 보냈다.

새벽 한두 시에 퇴근해도 큰 불만이 없었다. 주어진 일을 다 해치우려면 열심히 일하는 것밖에 다른 방법이 없으니까. 아침부터 밤까지 개발팀과 디자인팀 사이를 쉼 없이 오갔다. 모두 귀가하고 텅 빈 사무실에서 내 자리만 가로등을 켠 듯 밝았다. 퀭

한 눈으로 모니터를 보며 회의 내용을 정리하고 기획안을 수정했다. 회사 근처 자취방에서 잠깐 눈을 붙이고 나면 출근 시간이 코앞이었다. 여섯 평짜리 원룸은 오직 업무를 위한 보조공간으로만 존재했다. 회사와 자취방 사이만 오가는 팍팍한 생활이 이어졌다.

빠르게 새로운 것들이 쏟아졌다. 뒤처지고 싶지 않아 안간힘을 다하며 몇 년을 버텼다. 인턴 시기부터 이미 번아웃이 시작되었던 것 같다. 정체를 파악할 수 없는 거대한 무언가가 우르르 몰아닥쳐 나를 짓누르는 상상을 자주 했다. 내 쓸모를 증명하는 일이 너무 버거울 때면 나도 모르게 숨이 막혔다.

좋아하는 것을 잘해서 인정받는 것 말고, 인생에 무언가가 더 있지 않을까. 실마리를 얻고 싶은 간절한 마음으로 여기저기 기웃거렸다. 중요한 보고를 마치고 간신히 얻은 여름휴가로 충북 음성 꽃동네에 봉사활동을 갔다. 불쑥 동네 성당에 전화해 다음 날부터 예비신자 교육도 들었다. 무언가 알 듯 말 듯 했다. 내면의 빈칸은 쉽게 채워지지 않았다. 외로운 시간이 흘러가고 있었다.

돌이켜 보면 자부하던 수준만큼 일을 잘하지는 못했던 것 같다. 허점이 있다고 판단하면 아래위 가리지 않고 날카롭게 비수를 던졌고, 미세한 논리에 집중하느라 전체 분위기는 살필 줄 몰랐다. 진짜 일을 잘하려면 상황을 두루 파악해야 한다는 건 호되게 당한 후에야 깨달았다. 일 년 가까이 준비한 프로젝트가 거의 마무리될 무렵이었다. 갑자기 이해할 수 없는 통보를 받았다. '프로젝트를 중단한다. 모든 결과물은 폐기한다. 그리고 관련 팀을 해체한다.'

망연자실 앉아 있다가 얼떨결에 임원 회의에 들어갔다. 이미 정해진 결론에 꿰맞출 명분이 필요했던 것 같다. 출시 이후의 운영 방식을 토론하던 어제와는 너무나 달랐다. 우리 팀 팀장을 포함한 모든 팀장이 한 마디 이의도 제기하지 않고 프로젝트 종료라는 윗분의 의견을 따랐다. 권위주의 대신 인재들의 열린 소통을 장려하고 혁신을 이뤄 낸다던 그 회사가 맞나. 내가 여태 믿고 있던 것들이 하루아침에 거짓말이 되었다. 회의가 진행될수록 숨이 막혀 왔다. 나는 의자에 앉은 채로 서서히 고꾸라졌다. 내가 느낀 절망감처럼.

안정을 취하다가 너무 화가 나서 팀장을 찾아가 쏘아 댔다. 프로젝트 대표로서 어떻게 구성원과 단 한 마디 상의도 없이 이럴 수 있냐고, 자기들 멋대로 모든 걸 엎어 버리는데 막으려는 노력조차 안 했냐고, 팀장에게 거침없이 대들었다. 피곤함과 억

울함, 답답함이 뒤섞인 복잡한 표정으로 그가 말했다. "내가 더 이상 할 수 있는 게 없어요. 나도 한 집안의 가장이에요." 그때는 잘 몰랐다. 나의 롤모델이던 그가 일이 아니라 지켜 내야 할 다른 것을 이야기하는 이유를.

잠시 후 개발팀장이 나를 불러내 회사 앞 공원을 걷자고 했다. "유미 씨, 많이 놀랐지요? 나도 초년생 때 같은 마음이었기 때문에 이해가 돼요." 고개를 푹 숙이고 곁을 따라갔다. "그런데 유미 씨도 나만큼 오래 일하다 보면 이해하게 될 거예요." 나이가 들면 비겁해지는 법을 배울 수 있다는 건가. 다정한 말투에 담긴 그 말은 내게 전혀 위로가 되지 않았다.

지금 와서 생각해 보니 닳고 닳은 어른 같기만 하던 팀장들이 당시에 겨우 삼십 대 후반, 그러니까 지금 내 나이 또래밖에 되지 않았다. 아직 순수함이 약간은 남아 있는 현역들이 나름대로 친절하게 세상 물정을 설명해 준 셈이다. 일 바깥에 무엇이 있는지 전혀 모르는 애송이에게.

모니터에 먹구름이 드리운 듯 직원들의 눈빛이 공허했다. 우리는 앉아 있는 것조차 괴로울 정도로 무력감을 느끼고 있었다. 시간이 흐르자 다른 팀으로 자리를 옮기거나 이직을 선택하며 다들 뿔뿔이 흩어졌다. 이제 나는 누구를 따라가야 할까. 스스로 결정하고 책임져야 할 순간이 왔다. 경력이 아닌 생존의 갈림길에 서 있다는 위기감에 정신이 번쩍 들었다. 아무리 애써도 채울 수 없는 빈 마음을 끌어안고 계속 버틸 수는 없었다.

    돈을 버는 데 마음 기울인 적은 없지만 적지 않은 금액이 통장에 찍혀 있었다. 퇴직금을 짐작으로 헤아려 보았다. 나는 회사를 그만두고 아무 계획도 없이 홍콩행 비행기에 올라탔다. 그래야만 내가 살 수 있을 것 같아서.

아시아, 유럽, 아프리카

외국에 혼자 가는 건 태어나서 처음이었다. 믿는 구석이라고는 정신과 진료실에서 의사가 들려준 조언뿐이었다. "평소에 못 해 본 걸 도전하는 게 도움이 될 거예요. 멀리 여행을 떠나 본다든지." 다른 살길은 도저히 보이지 않아 그 말을 실낱같은 희망으로 받아 들고 무작정 홍콩으로 떠났다. 〈화양연화〉와 〈중경삼림〉에 등장한 거리를 하염없이 걷고 이층 버스에서 멍하니 네온사인을 쳐다보며 며칠을 보냈다.

그 모든 실망과 방황과 탈주가 일어나는 동안 부모님께는 아무것도 알리지 않았다. 멀쩡히 회사 다니는 줄 알았던 딸이 타국을 배회하고 있다니. 수화기 너머로 간신히 내 목소리를 들은 어머니가 얼마나 기가 막히고 눈앞이 깜깜하셨을지 헤아릴 길이 없다. 전화를 끊자마자 한국으로 가는 항공편을 구해 바로 돌아왔다. 부모님이 터를 잡고 살아오신 곳, 내가 그토록 떠나고 싶었던 곳, 대전으로.

부모님께서 내 행방을 바로 파악하기 어려우실 만했다. 무소식이 희소식이라며 안부 전화 거는 데도 소홀하던 나는 기껏

해야 한 해에 서너 번 대전을 찾아가 얼굴을 비췄다. 오랜만에 부모님을 뵌다는 반가움은 이틀이면 기한을 다하고 사흘째부터는 몸이 쑤셨다. 나는 도망치듯 서울로 돌아갔다. 부모님으로부터 정신적으로 독립하지 못한 채 성인이 되었고 그 반작용으로 부모님의 도시인 대전을 못 견뎌 했다. 이 재미없는 도시에서 살게 될 일은 절대 없으리라 생각했다. 부유하는 내 마음이 쉴 곳은 세상 어디에도 없었다.

"말씀 못 드려 죄송해요. 그리고 다시 외국 나가려고요." 앉은자리에서 그동안 일을 쭉 들려드리며 끝에 황당한 통보를 덧붙였다. 부모님과 나 사이에 적막이 흘렀다. "꼭 그래야만 하는 거니? 그러면 건강하게만 다녀와라." 부드럽지만 결코 쉽지 않았을 대답이 고요를 깨뜨렸다. 두 분은 딸의 삶을 온전히 지지하기로 결심하셨다.

편도 항공권을 쥐고 공항으로 향했다. 이 길이 어디를 거쳐 누구에게로 이어지고 언제쯤 끝이 날지 전혀 예측할 수 없었다. 그렇지만 10kg짜리 배낭이 가진 것 전부인 나는 아무런 거침이 없었다. 마음 가는 대로 돌아다니고 머무르는 유랑의 시간이 시작되었다. 서울에서 대전 가는 고속버스라도 되는 듯 훌쩍 비행기를 잡아타고 베트남으로, 인도로, 프랑스로, 모로코로, 마케도니아로 몸을 옮겼다.

    온통 제멋대로인 방랑에도 한 가지 기준이 있었다. 내가 아는 '나'라면 하지 않았을 일에 굳이 뛰어들어 보기. 이름이나 겨우 들어 봤을 뿐 지구 어디쯤인지도 전혀 모르던 나라에 불쑥 찾아가는 식으로 말이다. 그렇게 어느 날 갑자기 스리랑카로 날아갔다. 스리랑카가 인도 남동쪽에 있는 섬이라는 건 항공권 예매한 시간 전에 겨우 알았다(입국 나흘 전이기도 하다.). 적도에 가

모로코 기차 표

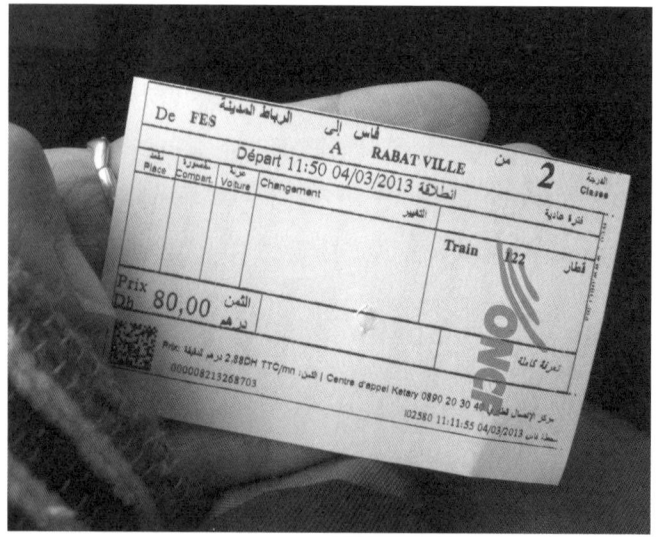

까워져서인지 공기의 감촉이 새로웠다. 볕에 달궈진 불교 사원의 돌바닥을 맨발로 걷고, 손으로 밥알을 알뜰히 긁어모아 입에 밀어 넣었다. 처음 만나는 낯선 감각들이 내 몸에서 술렁였다.

인도에서는 한 달 동안 요가를 배웠다. 흰 수염을 길게 드리운 구루가 뻣뻣하기 이를 데 없는 내 몸짓을 보며 지긋이 웃었다. 함께 수련하는 이들이 수준 높은 아사나를 척척 해내는 동안 나는 가만히 바닥에 누워 숨을 가다듬었다. 스페인에서는 800km에 달하는 산티아고 순례길을 걸었다. 최단기간 돌파를 위해 애쓰는 사람들로부터 비켜나 한 마리 달팽이처럼 꿈지럭거렸다. 차근차근 발을 내디디며 내 인생의 속도대로 걷는 법을 배웠다.

프랑스에서는 기독교 수도회가 운영하는 떼제 공동체에서 생활했다. 전 세계에서 온 다양한 사람이 종교에 상관없이 마음 열고 소통하는 공간이었다. 내가 가부좌를 틀고 앉아 인생은 고통이니 뭐니 어설프게 떠들면 독일에서 온 대학생들이 신기하게 쳐다봤다. 바람이 선선한 어느 저녁에 '내가 남겨 두고 떠나온 것'을 주제로 이야기 모임이 열렸다. 어떤 이는 사랑하는 가족을 남겨 두고 떼제를 방문했다고, 또 다른 이는 승진 기회를 포기하고 여기를 찾아왔다고 말했다. 내 가슴속에서 무언가 점점 분명해졌다. "나는 한국에 '나'를 두고 왔습니다." 내가 서툰 영어로 털어놓은 이야기가 사람들 속으로 출렁출렁 퍼져 나갔다.

하염없이 걷고, 처음 보는 이와 밥을 먹고, 때로는 혼자 웅크려 앉아 울었다. 그렇게 내 마음의 여정을 따라 일 년을 보냈다.

> 처음 밟은 홍콩 거리보다 항상 머물러 있는 내 몸이 더 낯설어지는 신기한 경험. 내 것이라고 믿은 것이 사실은 이국의 풍경보다 더 내게서 멀어, 지금껏 나와 화해하지 못하고 있었구나.
>
> 박유미, 『가장 안쪽에서 가장 먼 곳까지』(퍼플, 2013), 19쪽.

> 나도 모를 웃음이 괜히 실실 삐져나왔다. 모든 게 신선할 정도로 어설프게 느껴졌다. 잘하려고 긴장할 필요 없다고, 삶이란 원래 이토록 허술하고 느슨한 거라고, 인도는 그렇게 속삭이는 것만 같았다.
>
> 같은 책, 48쪽.

내가 모르던 맨살의 나와 동행한 시간. 나는 보았어. 내가 이번 여행과 나의 온 삶에서 얻고자 했던 것들이, 아주 낯설고 오랜 시간이 걸리겠지만, 결코 잠깐의 망상이 아니었음을.

같은 책, 54쪽.

시간이 참, 한 그릇 밥처럼 느껴졌다. 삶이란 하루 세 끼의 밥을 먹는 일이어서, 나는 그것을 깨닫는 데에 한 해를 들였구나.

같은 책, 105쪽.

야금야금 여행비용을 꺼내 쓰던 통장에 한국행 편도 항공권을 겨우 살 만큼의 돈만 남았다. 별 고민 없이 귀국 시기를 정할 수 있었다. 끝나가는 여행이 아쉽지도, 되돌아가는 게 두렵지도 않았다. 지금 한국으로 돌아갈 이는 떠나올 때의 나와 다른 새로운 사람이다. 이 여행은 그것만으로 충분했다. 처음보다 훨씬 가벼워진 배낭을 등에 메고 숙소를 나섰다.

인천공항 출국장을 뚜벅뚜벅 걸어 나오며 두툼한 종이 뭉치를 끌어안았다. 지난 일 년을 정리한 에세이 초고였다. 대륙을 횡단하고 낯선 사람들 속으로 빠져들며 써 내려온 문장이 거칠지만 싱싱했다. 원고 맨 뒷장은 마지막 여행지를 위하여 공백으로 남겼다. 그토록 지겨워하던, 그러나 아주 먼 곳을 거쳐 결국 되돌아온 곳. 대전이 남았다.

집에 도착한 후 몇 날 며칠을 원고 편집에만 골몰했다. 여행이 얼마나 대단했는지 자랑하고 싶어서가 아니었다. 그 여행을 더듬는 일에 내 미래를 너무 많이 쓰고 싶지 않았다. 책은 일종의 고별 수단이었다. 아무리 좋은 추억도 그 자리에 내려 두지 않으면 다음 여행으로 떠날 수 없다고 믿었다.

대전

"마음이 고달픈 요즘, 틈틈이 꺼내 읽습니다." 알음알음으로 책을 접한 독자들이 종종 내 이메일로 짧은 독후감을 보내왔다. 편집장의 추천으로 내 책을 읽어 보았다는 어느 웹 매거진 기자가 인터뷰를 청하기도 했다. 투박하게 채워 담은 서툰 진심이 타인과 나를 이어 주었다. 가슴 벅찬 경험이었다.

웹브라우저 창을 닫고 컴퓨터 전원을 껐다. 부모님 댁 거실에 놓인 책상 앞에서 천천히 일어나 내 방으로 걸어 들어갔다. 원래 옷방 겸 창고로 쓰던 공간이라 이부자리를 펼치면 발 디딜 곳이 없었다. 덜 익은 산문집 한 권이 전 재산인 내게는 넘치는 호사였다. 내 깜냥은 여기까지라는 생각이 들었다. 뜨거운 여름이 지나고 방랑의 여운이 가라앉을 무렵 방문을 열고 밥벌이를 되살리러 나섰다.

일단 경력을 살려 입사할 수 있는 기업들에 이력서를 돌렸다. 익숙한 직무와 알 만한 회사 이름을 검색하며 며칠을 보내다가 불현듯 의아한 기분이 들었다. '이게 맞나, 그냥 원래 자리로 돌아가기 위해 먼 길을 헤맨 건 아닌데.' 합격할 가능성이 높은 곳에서 얼른 내 앞가림을 시작해야 한다는 조급함과 아직 무언가 해결되지 않은 것 같다는 의구심, 등을 맞댄 두 감정이 구직 기간 내내 나를 따라다니며 괴롭혔다.

그러던 중 신입사원 시절 나를 눈여겨보던 예전 직장의 임원이 이직 자리를 주선했다. 현재 자신이 몸담은 회사로 면접을 보러 오라고 했다. 대학 시절 입사 희망 1순위이던 꿈의 기업이었다. 곧바로 서울 한복판에 우뚝 선 번듯한 사옥에 찾아갔다. 예전과 비슷한 일을 하게 될 테고 비슷한 삶을 살 수 있을 것이다. 오랜만에 입는 정장이 어색했다.

면접장에서 간단한 질문과 답변이 오갔다. 술술 대화가 흐르는 사이 나는 문득 불안감을 느꼈다. 지금 솔직해지지 않으면 계속 나 자신을 속이게 될 거야. 당장 회사에 들어가는 게 문제가 아니었다. 더 찾아내야 할 게 있었다. 나는 속마음을 깎아 내서 듣기 좋은 답변 만드는 짓을 멈추었다.

기차를 타고 대전으로 돌아온 늦은 저녁, 면접을 망쳐 버렸다고 어머니께 말씀드렸다. "너 이럴 거면 이제 공무원 시험공부나 해!" 불같이 화내시는 어머니를 뒤로하고 방에 들어왔다. 대학 때부터 지겹도록 반복하셨지만 나와 아무 상관 없다고 치부했던 그 말씀이 오늘은 낯설게 들렸다. '인생에서 정말 중요한

게 뭐지?' 여행을 통해 지금 여기로 새롭게 찾아온 나를 위하여 진짜를 가려야 할 때가 왔다. '한 가지 일을 진득하게 밀고 나가는 경험'을 나 자신에게 주겠다고 결심했다. 그 결과로 특정 직업을 얻는다는 것까지는 염두에 두지도 않았다. 당장 다음 날 아침 공무원 시험 관련 정보를 수집하고 수험 서적을 주문했다. 긴 수험생활의 첫날이 시작되었다.

이후 어떤 날들을 보냈는지 잘 생각이 안 난다. 평범한 기쁨을 자신으로부터 빼앗은 시간이었다고 기억할 뿐이다. 판에 박힌 지식을 머리에 밀어 넣는 작업이 반복되었다. 공부의 쓸모에 의문이 들 때마다 괴로웠다. 어느 시험장에서 맞닥뜨린 '국어' 과목 문제는 이런 식이었다. '다음 중 ○○지역에 있는 문학 관련 건축물이 아닌 것은 무엇인가.' 매 순간 무용함과 싸우는 게 사람을 너덜너덜하게 만들었다. 별수 없이 내 삶이 동면에 들어갔다고 여기고 그저 견뎠다. 나 자신을 위하여 내가 기꺼이 만든 삶의 기회라는 자랑스러움. 오직 그 마음만이 끝까지 나를 지켜주었다.

사흘 동안 죽었다가 다시 살아나는 마음으로 긴 겨울을 끝내고 밖으로 나왔다. 공무원 임용장보다 반가운 건 삶의 한 단계를 내 몸뚱이로 돌파했다는 자기 인정이었다. 세계 곳곳을 누비는 유랑, 목표를 끝까지 밀고 나가는 인내, 그리고 한 곳에 깊게 뿌리내리는 정주. 이제 스스로 선택한 세 번째 세계를 향해 뛰어들 때다. 저는 대전에서 살기로 했어요. 어쩌다 공무원이 되었냐고 누군가 물으면 그렇게 설명했다. 마음속으로 '살기로 했다'는 데 밑줄 그으며.

첫 만남과 만남들

이응노미술관

 수더분한 얼굴 여럿이 1층 로비 크리스마스트리를 둘러싸고 옹기종기 모였다. 각박하던 시청에 낭만이 생겼다며 실없이들 웃었다. 선배 공무원들은 외투를 휘날리며 빠른 걸음으로 우리를 비껴갔다. 연말마다 꺼내 두는 장식 따위에 곁눈질할 만큼 퇴근길이 여유롭지 않다. "그치만 지금 우리한테는 처음이잖아요." 퇴근이 늦은 동기가 허둥지둥 뛰어와 곁에 설 때까지 우리는 꼬마전구의 명멸을 찬찬히 들여다보았다.

 나와 같은 해 시험에 합격한 동기들은 나이도, 전공도, 입직 전 경험도 제각각이었다. 이제 막 고등학교를 졸업한 앳된 소년과 벌써 손주를 보았다는 오십 대 어르신이 동기 모임에 나란히 참석했다. 내 또래 여자 동기들은 대부분 민간기업에 다니다가 공직으로 왔다. 영어 강사로 활동했다거나 대기업에서 마케팅 업무를 했다는 이야기를 들으며 나의 서울 생활을 떠올렸다. 우연히 스친 간밤의 꿈을 되짚는 것처럼 그 시간이 아득하게 느껴졌다.

 이미 사회 물을 질리도록 먹어 본 사람도 신입 공무원이라는 낯선 옷을 걸치니 수줍은 신출내기로 변했다. 민원인의 짜증 앞에 얼굴이 달아오르고 상사의 사소한 칭찬을 뿌듯하게 여겼다. 짧게는 몇 달, 길게는 몇 년이 걸린 수험생활을 마치고 이제 막 바깥으로 나온 우리는 같은 표정을 지니고 있었다. 처음을 소중히 어루만질 줄 아는 이에게서 피어나는 그 표정. 나는 첫 순간을 부지런히 만끽하는 들뜬 얼굴들이 좋았다.

그러는 사이 더 많은 세상을 알아 가고 싶은 욕망이 내 안에서 고개 들었다. 울렁이는 마음을 내버려 두지 않기로 했다. 독서 모임과 와인 동호회에 가입하고 대전에서 열리는 각종 행사를 기웃거렸다. 혼자 어딜 쏘다니냐며 신기해하는 동기에게 새로 만난 사람들에 관해 들려주었다. 원양 어선을 타다가 몇 달 만에 육지에 올랐다는 남자와 예순 가까운 나이에 화가로 다시 태어난 여자가 차례로 등장했다. 내 이야기에 집중하던 동기의 커다랗고 까만 눈이 총총히 빛났다.

크리스마스가 코앞으로 다가온 2015년 12월 23일, 퇴근 인파를 비집고 시청을 빠져나왔다. 지난주 방문한 이응노미술관에 또 한 번 가 볼 참이었다.

한밭수목원을 병풍처럼 두르고 예술의전당, 시립미술관과 나란히 자리한 이응노미술관. 고암 이응노가 남긴 담박한 수묵

만년동 이응노미술관

과 고즈넉한 공간이 어우러진다. 대나무숲이 펼쳐지는 복도를 걷고 있으면 그윽한 감상으로 빠져들었다. 미술관의 밤은 낮과는 영 딴판이다. 믿기 어렵겠지만 바로 여기 한복판에서 번쩍이는 조명 아래 흥겨운 춤판이 벌어졌다. 불과 며칠 전 일이다. 특별한 문화행사가 열린다는 소식만 듣고 우연히 찾아갔다가 재즈와 힙합으로 달궈진 이응노미술관의 밤을 맛보았다. 대전 사람들은 이렇게 재미있는 일들을 벌이며 지내고 있었구나. 고요하던 공간에 황홀하고 뜨거운 열정이 넘실거렸다. 나는 온라인 홍보 자료를 뒤적이며 이 매력 있는 미술관을 재차 즐길 기회가 오기만을 고대했다.

시청 뒤편에서 출발한 618번 버스가 둔산대공원 건너편에 멈춰 섰다. 날카로운 겨울바람을 헤치며 다시 이응노미술관으로 향했다. 괜히 가슴이 두근거렸다. '연말인데 첫 만남이라니'라는 범상치 않은 이름의 파티가 나를 기다리고 있었다. 미술관에서 하던 어느 프로그램과 관련된 행사인데, 기존 참가자뿐만 아니라 대전 시민 누구나 함께 할 수 있도록 문을 활짝 열었다. 덕분에 이제 막 미술관과 친해진 나도 명단에 이름을 올릴 수 있었다. 우연히 발견한 행사 포스터는 꼭 나를 향해 날아온 초대장 같았다. 낯선 사람들 속으로 풍덩 뛰어들고 싶은 욕구가 목 끝까지 차오르고 있었으니까.

낮에는 미술관 로비로, 밤에는 춤판으로 쓰인 널찍한 공간에 좌석과 행사 무대가 갖춰졌다. 나는 진행 요원의 안내를 받으며 입장해 적당한 자리를 택했다. 우두커니 앉아 쭈뼛대는 마음을 가라앉히고 나서 슬슬 주변을 살폈다. 각양각색 사람들이 속속 좌석을 채워 갔다. 요란하게 염색한 소녀와 우아하게 스카프를 두른 중년 여인이 앞줄에 자리 잡았다. 눈을 살짝 흘겨 내 옆자리를 쳐다보았다. 다림질하지 않은 흰 셔츠를 입은 남자가 속내를 알 수 없는 표정으로 앉아 있었다. 나보다 어려 보이는데 대학생이려나. 서먹한 분위기를 깨며 말을 걸 자신이 없었다. 긴요한 연락이라도 기다리는 것처럼 휴대전화만 만지작거렸다.

뒤돌아보아야만 알 수 있는 게 있다면 바로 이런 거겠지. 이 무심한 얼굴의 옆자리 남자와 앞으로 한집에 살게 되리라는 것, 나란히 손잡고 인생의 오르내림을 함께하리라는 것, 그리하여 오늘 '첫 만남'을 오래도록 기억하리라는 것. 그런 의미를 알아챌 수 없이 현재만을 살아가는 우리는 어색한 표정으로 파티가 시작하기만을 기다렸다.

데면데면한 좌중 한쪽에서 다정히 안부를 주고받는 이들이 눈에 띄었다. 전시 해설과 사람책 모임을 결합한 이응노미술관의 연간 프로그램에 참가했던 사람들이리라. 포스터에 적힌 설명 몇 줄을 떠올리며 겨우 짐작해 보았다. 미술관에서 왜 이런 모임을 벌이는지, 사람책이라는 신기한 단어는 무얼 의미하는지 아무것도 모르면서 무작정 여기까지 찾아왔다. 조금 쑥스러워 먼 곳을 바라보았다.

다행히 포스터에서 가장 두드러지는 '첫 만남'이라는 단어 덕분에 안심하고 문을 두드린 이가 많았던 모양이다. 나처럼 서로에게 선뜻 말 붙이지 못하고 침묵을 지키는 이가 대다수였다.

다들 주변을 두리번거리며 새로운 세상과 연결되기를 소망하고 있었을까. 파티 시작을 알리며 이응노미술관 관장이 인사말을 꺼냈다. "도도하게 동떨어져 있는 외로운 미술관이 아니라 사람들이 모이고 만나서 많은 일이 일어나는 미술관을 만들고자 합니다." 그래, 내가 제대로 찾아온 게 맞았다.

나는 공무원으로서 첫걸음을 떼며 생활에 필요한 경제적 기반을 마련했다. 이제 대전살이를 뒷받침할 또 다른 기반인 사회적 네트워크를 갖출 차례였다. 시청으로 출근하기 전까지 내가 알고 지낸 대전 사람이라고는 고작 가족이 전부였다. 단 한 번도 여기를 '나의 도시'로 여기지 않았으므로 누군가를 사귀어 본 적도, 사귈 필요를 느낀 적도 없었다. 이제 대전에서 살아가기로 했으니 더불어 살아갈 친구를 절실히 찾아 나서야 했다. 깊은 이야기를 나누며 삶을 공유할 수 있다면 남녀노소 가리지 않고 사귀었다.

관장이 인사를 마치고 대전사람도서관을 운영하는 사회적 기업 위즈덤 대표가 무대에 올라 사람책에 대한 궁금증을 풀어 주었다. 전문성을 지닌 개인이 한 권의 책 역할을 하며 독자와 나누는 대화가 바로 사람책이다. 많은 청자를 둔 일방적인 강연과 달리 사람책은 적은 참여자와 마주 앉아 자유롭게 소통하며 경험과 지식을 공유한다.

　최근 대전을 비롯한 여러 지역의 공공기관에서 사람도서관, 또는 휴먼라이브러리라는 이름으로 많은 프로그램을 진행하고 있다. 개념조차 생소하던 2015년 당시에 비해 지금은 사람책 활동이 대중에 널리 소개되었다. 지역에 살면 전문가를 만나거나 다양한 사람과 어울릴 수 있는 기회가 거의 없다고 여기던 그때, 시민 200여 명이 사람책으로 등재된 대전사람도서관의 존재는 신선한 충격이었다. 배우, 프로그래머, 관세사, 기타리스트…… 새로운 세계를 소개해 줄 친절한 안내자들이 바로 여기에 있었다. 고양이를 사랑하는 연구원과 텃밭 농사가 취미인 바리스타가 자기 이야기를 들려주고자 기꺼이 기다린다. 대전을 벗어나지 않아도 그들을 만날 수 있었다.

　"우리 모두 한 권의 사람책이 됩시다." 위즈돔 대표의 발표가 끝나 갈 무렵 우리를 불러 모은 진짜 목적이 드러났다. '누구나 이 파티에 참석할 수 있다'는 포스터 문구는 곧 '누구나 사람책이 될 수 있다'는 뜻이었다. "내가 나누고 싶은, 나만이 할 수 있는 이야기의 주제를 고민해 보세요. 내용이 정리되면 파티장을 돌아다니며 독자를 모아 봅시다." 종이와 펜이 무릎 위에 놓였다. 이제 내 안에 웅크리고 있던 이야기를 세상으로 끄집어낼 차례였다. 퇴사와 함께 끝낸 서울살이, 23개국 배낭여행, 내 힘으로 펴낸 산문집, 지난했던 수험생활, 막 접어든 공무원의 길. 지난 몇 년이 짧은 영화처럼 백지 위를 스쳤다.

"아직 군대에 안 갔어요?" 옆자리 남자가 끄적인 메모를 힐끗 들여다보며 말을 붙였다. 남자는 부스스한 머리를 살짝 매만지더니 기다렸다는 듯 줄줄이 대답을 꺼냈다. 석박사 통합 과정으로 원자력공학을 연구해 왔으며 대학원을 그만두어 이제 군대에 갈 예정이라고 했다. 서로 너무나 다른 배경을 두고 있으나 무턱대고 이 파티에 찾아왔다는 공통점이 우리에게 최소한의 친밀감을 제공했다. 아직 종이를 다 채우지 못한 남자는 내가 적은 '1년의 세계 여행'이라는 주제를 흥미로워했다. "나중에 사람책 진행하시면 제가 꼭 참가 신청할게요. 자세히 듣고 싶어요." 겨우 피워 낸 친밀감을 꺼뜨리고 싶지 않아 건네는 인사치레겠거니. 나는 그가 던진 말을 해석하며 빙긋 웃었다.

여기저기로 옮겨 다니며 사람들과 인사하고 내가 방금 만든 이야깃거리를 홍보했다. 파티 참석자들은 자기 삶에서 끌어올린 독창적인 주제를 서로에게 선보이느라 분주했다. 많은 관심을 끌어낸 이에게 줄 상품이 공개되자 행사장 분위기가 달아올랐다. 그렇지만 나는 다른 쪽에 더 매료되었다. 오늘 파티가 끝나면 진짜로 사람책 플랫폼에 나를 등록해야지. 내 이야기가 필요한 사람들을 찾아갈 거야. 밤이 깊어 파티가 막을 내릴 때까지 가슴 속에서 무언가 힘차게 팔딱였다. 득표수 2위를 기록한 나는 이응노미술관에서 준 상품을 소중히 품에 안고 집으로 돌아왔다. 단정히 포장한 선물상자 안에 무엇이 들어 있었던가. 호기심 많은 옆자리 남자를 비롯하여 몇몇 이들과 번호를 주고받으며 다음 만남을 약속했다는 것만이 또렷하게 기억난다.

문팍 아메리카노

———

 예전에 등록해 놓은 글을 다시 읽고 싶어 대전사람도서관 홈페이지에 접속해 보았다. 이미 알고 있던 사실이지만 이 사이트는 더 이상 열리지 않는다. 운영 주체인 위즈돔이 활발히 벌이던 사업을 종료하고 홀연히 사라졌기 때문이다. 반복해서 확인해도 아쉬움과 허전함에 익숙해지지 않는다. 내가 그곳을 통해 이루어 낸 경이로운 만남들 때문이다.

 간단한 자기소개, 내가 들려줄 이야기의 개요, 함께 나누고 싶은 대화 주제, 그리고 모임 시간과 장소. 파티의 여운이 사라지기 전에 서둘러 사람책 안내문을 완성했다. 귀한 토요일 오후를 나와 함께 보내기 위해 참가 버튼 누를 이는 몇이나 될까. 일단 지난 파티에서 연락처를 교환한 사람들에게 소식을 알렸다. "저번에 구상한 사람책 모임을 정말 하게 되었어요." 내 말에 관심을 보이던 옆자리 남자가 제일 먼저 답장을 보내왔다. "우와, 저 바로 신청할게요. 토요일에 만나요!" 내 이름을 건 모임이 생겨난다는 게 이제야 실감 났다.

 웹페이지를 들락날락하며 갱신되는 신청자 명단을 수시로

확인했다. 설레는 일주일을 보내는 사이 예상보다 일찍 참가 신청이 마감되었다. 최대인원 일곱 명, 강연이라 하기에는 적은 청중이지만 모여 앉아 눈을 맞추고 대화 나눌 사람 수로는 적절했다. 신청서에 딸린 짧은 메시지들을 읽으며 아직 만나지 않은 그들이 벌써 가깝게 느껴졌다.

문팍 아메리카노는 갤러리아백화점 타임월드 뒤쪽에 자리하던 자그마한 카페다. 둔산동 번화가에 자리한 것 치고 매장 분위기도 음료 가격도 소박했다. 여기는 '아메리카노 전문점'이다. 어느 카페에 가든 아메리카노가 기본 음료 아닌가 싶지만, 열 가지 넘는 원두가 제각기 개성을 뚜렷하게 뽐내는 그 집 커피를 마시면 생각이 달라진다. 산미와 고소함이 섬세하게 다른 여섯 잔을 쟁반에 받아 들었다. 늘어선 탁자를 지나 안쪽으로 걸음을 옮기며 심호흡했다. 유리 벽으로 외부와 분리된 오붓한 방에 첫 사람책 모임의 손님들이 기다리고 있었다.

파티의 옆자리 남자, 민이 내 뒤를 따라 방으로 들어왔다. 민은 쓴 건 도저히 못 견딘다며 메뉴판 끄트머리에 적힌 달콤한 음료를 주문했다. 두 번째 만나니 그의 얼굴이 조금 더 자세히 보였다. 호기심이 가득하다 못해 반짝이는 눈빛. 쓴맛만 참을 수 있다면 여기 있는 모든 원두를 맛보았을지도 모른다. 우리 둘을 제외한 나머지는 서로를 처음 마주했다. 어색하게 웃음 짓는 이들을 위하여 간단한 소개를 청했다. 화학 계열 연구원, 특허법인 직원, 초등학교 방과 후 교사, 졸업을 앞둔 대학생…… 다양한 배경으로부터 출발하여 한날한시에 여기 도착해 준 사람들이 애틋하게 느껴졌다.

어색함을 덜어 내는 너스레가 한바탕 지나고 좌중의 시선이 나에게 집중되었다. 사람책 첫 장을 펼칠 차례였다. 다행히 예습을 마치고 온 모범생들 덕분에 긴장을 내려놓을 수 있었다. 참가자들에게 나의 책 『가장 안쪽에서 가장 먼 곳까지』를 읽고 와 달라고 부탁해 두었다. 이제 저마다 마음속에 꽂아 둔 책을 겹쳐 읽으며 '모두의 책'을 만드는 일만 남았다.

낯선 장기 여행에 흥미를 느끼며 책을 펼친 이들이 마지막 장을 덮으며 발견한 건 무엇이었을까. 구체적인 여행 정보가 궁금해 나를 찾아온 것은 아니라고 짐작했다. 나는 책을 쓰기 전과 후의 이야기, 그러니까 책에 담지 못한 시간에 관하여 들려주었다. 언론사와 IT 기업에서 일해 온 몇 년간 내 마음속에 자리 잡은 것들. 이를테면 매번 애쓰는데도 조금도 줄어들지 않는 갈증과 외로움. 결국 곪다가 터져 버린 마음과 공황장애 판정. '살고 싶어서' 떠난 여행이 남긴 책 한 권. 대전에서 '살기로 결심'하고 공무원이 된 오늘의 나. 둥글게 둘러앉은 일곱 명이 나의 여정에 바짝 따라붙으며 고개를 끄덕였다.

무거운 이야기만 이어진 건 아니었다. 제일 아름다운 여행지가 어디였냐는 물음에 사하라사막에서 마주친 밤하늘을 묘사하기도 하고, 시청에서 하는 일은 어떠냐는 질문에 이래저래 대답하기도 했다. 탁자 반대편에 앉아 가만히 집중하던 한 참가자가 천천히 손을 들었다.

"쉽게 할 수 없는 긴 여행이었잖아요. 유미 님이 여행을 다녀오기 전과 후에 가장 바뀐 건 뭘까요?"

"예전에는 '잘 해내고 싶다'는 생각만 했어요. 지금은 '잘 살아 있고 싶다'는 생각을 합니다. 그게 가장 큰 변화 같아요."

나 자신도 처음 듣는 낯선 이야기가 내 입을 통해 흘러나왔다. 목소리를 향해 귀를 기울이니 나도 모르던 내 마음이 차근차근 들려왔다.

사람책 독자들의 몰입으로 후끈해진 방을 한 김 식히고자 쉬는 시간을 제안했다. 태연하게 화장실에 다녀오거나 가벼운 농담을 건네면서도 우리는 벅차오르는 마음을 숨기지 못했다. 사람들의 상기된 표정 너머로 무언가 일렁였다. 내가 그 신호를 놓칠 리 없었다. 내게 쏟아지던 조명을 모두에게로 돌리며 다음 순서를 시작했다. 둘러앉은 이들을 향해 나 대신 사람책 주인공 역할을 맡아 달라며 말을 걸었다. 지금까지 내 이야기를 주의 깊게 따라온 참가자들이 기꺼이 요청에 응했다. 다들 주저하지 않고 각자의 삶에서 발췌한 값진 한 페이지를 꺼냈다. 인생에서 가장 중요했던 결정, 회복할 수 없을 거라 느꼈던 좌절의 경험, 행복의 기준을 정립하게 된 찰나의 순간, 오늘 여기에 선 나의 고민. 처음 만난 사이라는 걸 믿을 수 없을 만큼 우리는 활짝 열려 있었다. 그 전에 누구에게도 말하지 못한, 그래서 나 자신도 듣지 못했던 이야기를 털어놓고 서로에게 공감했다.

"우리 수상할 정도로 친한데요. 오래된 사이처럼." 알고 지낸 기간이 얼마나 오래되었는지가 아니라 서로를 이해하려고 얼마나 노력하는지가 중요한 거였구나. 학교도, 직장도, 고향도, 취미도 상관없이 모인 여덟 명에게 '모임'이 새로운 의미로 다가왔다. 문팍 아메리카노를 나서며 내가 먼저 용기를 냈다. "우리 일회로 끝내지 말고 계속 모임을 이어가 볼까요? 2주 후에 다시 만나는 거 어떠세요?" 첫 만남 때부터 든든하게 나를 지지해 준 민이 손을 번쩍 들며 호응했다. 기다렸다는 듯 모두가 초대에 응했다.

이후 1년 넘게 모임이 이어졌다. 어떤 날은 각자에게 뜻깊은 노래를 골라 함께 듣고, 또 다른 날은 도자기 공방에 모여 제각기 개성대로 그릇을 빚었다. 돌아가며 모임의 리더를 맡고 리더가 정하는 주제대로 매회 다채로운 활동을 벌였다. 그림책 작가를 꿈꾸던 언니는 그림책을 여러 권 준비해 우리에게 소개했다. 헬스장 스피닝 강사로 부업을 하는 친구가 특별한 운동 교실을 개최하려다가 무산되기도 했다. 2주마다 돌아오는 우리의 토요일 오후는 경직된 일상에 잠식당하지 않도록 돕는 작은 숨구멍과 같았다.

그러는 사이 나는 또 다른 독자를 모집하여 2차, 3차 사람책 모임을 열었다. 1차 사람책 모임과 마찬가지로 기꺼이 마음 열어 서로의 삶을 읽고자 하는 사람들이 모여들었다. 이런 만남과 대화를 애타게 그리워해 온 사람들이 참 많구나. 나는 이전 사람책 독자들이 지속적인 모임을 꾸려 나가고 있다는 선례를 전하며 새로운 독자들을 격려했다. 언제 어디에서 후속 모임을 벌일지 정하느라 왁자지껄한 틈을 타 문밖으로 나왔다. 모임이 끝날 때까지 나를 묵묵히 기다린 한 사람이 있었다. 다가오는 나를 발견한 민이 해사하게 웃었다.

해마다 길거리를 촬영하여 사진으로 제공하는 서비스를 열람해 본 바에 따르면 문팟 아메리카노는 2018년 폐업하고 그 자리에 맥주 가게가 들어섰다. 나의 남편, 민을 두 번째로 만난 소중한 장소는 그렇게 사라져 버렸다. 그러나 평생 이야기 나누며 살아갈 친구 하나를 직접 찾아냈다는 긍지만은 여전히 여기에 있다.

가족의 발명

궁동 만화방

―――――

"가족이 인생의 가장 큰 재난이라고들 하죠. 부모가 자연재해라면 자녀는 스불재(스스로 불러온 재앙)라고." 누군가 던진 말에 모두 폭소를 터뜨렸다. 자기 삶 구석구석을 떠올리며 온몸으로 맞장구치고 싶었던 것 같다. 슬퍼서 웃고 웃겨서 슬프다. 웃음 뒤에 숙연해진 사람들은 사소한 생채기부터 삶을 뒤흔든 고통까지 서로의 아픔을 겹쳐 보았다. 자연스럽고 당연하게 삶을 침범하고 인내를 강요하는 가족이라는 존재. 어디서부터 잘못되었는지 되짚는 것조차 암담하다. 내가 말문을 열었다. "좀 다른 이야기를 해 볼게요. 제가 어떻게 가족을 '발명'했는지에 대한 겁니다. 남편한테 청혼한 이야기부터 시작해 볼까요."

사람책 모임으로 만남을 이어 온 민과 나는 얼마 지나지 않아 연인이 되었다. 민에게 나를 왜 좋아하냐고 묻자 '가슴에 큰 허공이 있는 사람'이어서라고 했다. 구멍이 뻥 뚫려 있어서 그 너머가 보이는 사람이라나. 좀 특이한 사랑 고백이지만 나와 동류의 인간을 만났다는 걸 눈치챌 수 있었다. 그해 둘이 참 잘 놀러 다녔다. 자전거로 갑천을 달리는 즐거움을 깨달았고 카이스트와 충남대학교 사이에 만화방이 아주 많다는 사실도 발견했다. 갓 구운 크레페가 얼마나 맛있는지, 시를 소리 내 읽는 게 얼마나 멋진지 가르쳐 준 것도 민이었다.

어은동, 그곳은 꿈으로 벅찬 학부 시절부터 어둠으로 가득한 대학원 시절까지 민의 이십 대를 모두 품은 공간이다. 그에게 대전이란 곧 카이스트고 어은동이었다. 민이 아끼는 장소를 한 곳씩 찾아다니며 둘만의 추억을 차곡차곡 쌓았다. 그가 대학원을 그만두지 않았더라면, 내가 서울을 벗어나 공무원이 되지 않았더라면, 우리는 결코 만날 일이 없었을 것이다. 나쁜 일과 좋은 일은 항상 뒤섞여 일어난다. 일어나야 할 일들이 일어나야 할 때 일어날 뿐이라고 생각하곤 한다.

공군 장교 복무가 예정된 민이 대전을 떠나야 할 시간이 점점 다가왔다. 여느 날처럼 만화방에 엎드려 책장을 넘기던 오후, 나는 고개를 돌려 그의 눈을 똑바로 바라보며 이렇게 말했다. "나랑 결혼하지 않을래?" 갑작스러운 청혼을 들은 민이 당황하는 기색도 없이 대답했다. "잠깐만, 생각 좀 해 볼게." 자세를 고쳐 앉더니 손을 턱에 짚었다. 나는 가만히 그 모습을 구경했다. 일이 분쯤 흐르나 싶더니 민이 입을 열었다. "좋아." 우리가 결혼을 약속한 곳은 궁동 휴박스 만화카페 한쪽 구석이었다.

누군가와 단둘이 아주 오랜 시간을 보내야 한다면 바로 이 사람이 좋겠다고 생각해 왔다. 그러나 좋아하는 감정이나 함께하고 싶은 마음만으로는 부족했다. 민과 결혼하겠다는 결심은 독특한 바람으로부터 출발했다. 그의 가족을 나의 시댁으로 들이고 싶었다. 남자친구를 유심히 관찰하면 어떤 가족들과 살아왔는지 들여다보였다. 민의 어깨 너머에는 아들을 세상의 인정 방식대로 구속하지 않고 자유로운 영혼으로 키워 낸 부모님이 서 계셨다. 민의 여동생이 보낸 편지에는 장난스러운 남매간의 표현 속에 서로를 인간적으로 신뢰하는 깊은 마음이 담겨 있었다. 나는 그들과 가족이 되고 싶었다.

내게 가족이란 당연하게 주어지는 자연물이 아니라 선택으로 만들어 내는 발명품이다. 그런 생각을 싹 틔운 첫 경험은 어머니의 재혼이었다. 어머니는 젊은 나이에 남편을 떠나보내고 학교 식당에서 일하며 딸들을 키워 냈다. "저기 일하시는 아주머니가 신입생 전교 1등 엄마야." 식판에 반찬을 나누시던 어머니가 이 한마디를 듣게 해 드린 게 내 어린 시절 중 가장 기쁜 일이었다. 애어른 같은 막내를 지켜보며 어머니는 늘 마음 아프셨겠지만. 나를 식탁 앞에 앉히고 어머니가 조심스레 말씀을 꺼내셨다. "만나는 분이 있고 결혼을 생각하는데 너는 어떠니?" 드라

마를 보면 부모의 재혼 소식에 배신감을 느끼거나 날뛰며 분노하던데 나는 아무렇지도 않았다. 오히려 나만 바라보는 것 같던 어머니에게 다른 쪽으로 통로가 생긴다는 게 기뻤다. 어머니가 행복한 대로 결정하시기만을 바란다고, 무엇이든 어머니의 결정을 존중한다고 진심으로 말씀드렸다.

아버지를 처음으로 뵈었을 때 나는 고등학교 2학년이었다. 세 식구가 살던 송촌동 작은 아파트에 마흔여덟, 젊은 시절의 아버지가 뚜벅뚜벅 들어오셨다. 정갈하게 양복을 차려입은 아버지에게서 조금 긴장한 기색이 비쳤다. 암벽등반으로 다져진 강인한 외모와 다르게 섬세하고 부드러운 분이셨다. 당시 나는 온갖 병치레를 하느라 몸과 마음이 쇠약했다. 학교 공부와 집안 사정 탓에 언제나 복어처럼 가시를 세웠다. 아버지는 내 예민함을 한눈에 알아보셨다고 한다. 내가 서른이 다 될 즈음에서야 털어놓으신 속마음이다.

아버지는 그 까다로운 아이를 사랑으로 품어 주는 데 당신의 중년을 모두 쏟으셨다. 연약한 막내딸이 세상에 나가서 단단하게 살아가기만을 바라셨던 분. 내가 무사히 어른이 될 수 있었던 건 책임감이 강한 우리 아버지 덕택이다. 아버지는 행복한 가정이 저절로 생겨나지 않음을 잘 알고 계셨다. 부단히 애쓰고 공부하며 실천하신 세월을 나는 존경의 마음으로 바라보았다. 다 큰 자식을 꼬박꼬박 유미 공주라 부르시던 아버지는 집을 드나들 때마다 꼭 껴안으며 인사한다는 원칙을 10년 넘게 지키셨다. 내가 아버지로부터 배운 것은 타인과 함께 살아가는 법이다. 당연하게 곁에 있는 관계가 아니라 결심과 노력으로 얻어 나가는 관계. 그게 바로 내가 아버지로부터 배운 '가족'이었다.

난데없는 청혼을 받고 잠시 후 대답하기까지 짧은 시간 동안 무슨 생각을 했냐고 민에게 물었다. "유미랑 결혼하면 어떨까 시뮬레이션을 돌려 봤는데, 좋을 거 같다는 결론이 났어." 청혼을 듣기 직전까지 그는 비혼을 마음먹고 있었다. 쉰 살쯤 되어야 가까스로 결혼이라는 단어가 삶에 끼어들려나 싶었는데 스물일곱에 덜컥 인생 경로를 바꾸었단다. 짧은 고민 안에 우리가 함께 보낸 일 년이 압축되어 있었다. 그에게는 무엇보다 진중한 결정이었다.

원신흥동 연회장

민이 12주에 걸친 고된 훈련을 마쳤다. 우리 부모님과 함께 임관식이 열리는 경남 진주로 향했다. 제복을 갖춰 입은 민이 늠름하다며 부모님이 흐뭇하게 여기셨다. 나와 민의 손을 포개 잡은 어머니가 대전에서부터 고이 품어 온 말씀을 건네셨다. "더 미룰 이유가 없으니 이제 결혼 진행해 봐." 새로운 출발을 응원하기 위해 멀리까지 달려오신 두 분의 마음을 깨달았다.

민은 신임 장교 생활에 적응하느라 눈코 뜰 새 없었다. 주말마다 대전에 오는 것도 만만치 않았다. 반지를 맞추러 은행동 귀금속 가게라도 들르려면 빠듯한 시간을 쪼개야 했다. 튼튼하게 생긴 카시오 전자시계를 하나 사다가 결혼예물이라며 그에게 보냈다. 사무실에 혼자 남은 늦은 밤 손목에 찬 시계를 들여다보며 내 얼굴을 떠올린다고 했다. 단단한 위로 덕에 무사히 버티고 있다며 민이 수화기 너머로 웃었다. 우리의 예식은 우리만의 방식으로 치르면 됐다. 더하고 덜한 것을 비교하고 걱정할 필요가 없었다.

결혼 준비를 도맡고 나서 부담스럽기보다는 신이 났다. 오랜만에 기획 업무를 할 생각에 흥겨워 팔을 걷어붙였다. 아마 민에게 여유가 있었더라도 내 손으로 모든 과정을 지휘하며 즐겼을 것이다. 목적과 주제를 정하고, 자료를 조사하고, 세부적인 구성요소를 설계하고, 이해관계자를 조율하는 일련의 작업. 내게 결혼 준비는 자발적이고 즐거운 프로젝트 그 자체였다.

나는 결혼식에 대한 동경이나 선망이 별로 없는 편이었다. 민은 한술 더 떠 아예 결혼식을 안 해도 상관없다고 말했다. 모든 허례허식에 반대하는 사람이니 놀랍지 않았다. 나는 양가 부모님과 형제자매를 모시는 간소한 행사는 있었으면 좋겠다고 의견을 냈다. 우리는 마주 앉아 결혼식의 의미와 가치를 고민해 보았다. 우리가 받아들여야 할 조건과 그럼에도 고수하고 싶은 원칙에 관해 의논했다. 그 결과 우리의 결혼식에서 '없어야' 할 두 가지를 분명하게 정했다. 가족이 아닌 하객, 그리고 축의금 봉투.

소박하고 개성 있는 파티를 꿈꾸던 사람들도 결국 판에 박힌 결혼식을 택하고 마는 건 축의금 탓이다. 결혼식을 두고 혼인 당사자가 아닌 부모님을 위한 행사라고들 이야기한다. 축의금을 거절하고 가족만 초대한다는 건 기분 내키는 대로 결정할 수 없는 복잡한 일이었다. 고심했지만 가야 할 방향이 명확했다. 어른으로서 이루는 첫 행사를 우리가 추구하는 가치와 방식으로 밀고 나가자고 다짐했다. 이 경험이 우리가 맞이할 미래에서 삶의 지표가 되어 줄 거라고 믿었다. 양가 부모님께 우리가 모은 뜻을 조심스럽게 올렸다. "손님을 최소한으로 모시고 누구에게도 축의금을 받지 않았으면 좋겠습니다." 다행히 모든 어른께서 예상한 일이라는 듯 흔쾌히 허락하셨다. 어른들이 인정해 주신 것은 단 하루의 예식 방식이 아니라 주체적인 우리의 삶 그 자체였다.

행사의 의도와 방향에 합의를 이루었다면 복잡한 세부 사항을 정하는 건 오히려 간단한 일이다. 제일 먼저 예식 장소를 섭외했다. 검색을 거쳐 작은 결혼식을 진행하기 적당한 공간 몇 곳을 방문하고, 그중 원신흥동 천변에 한적하게 자리 잡은 연회장을 골랐다. 강이 내려다보이는 옥상정원이 특히 마음에 드는 곳이었다. 정원에 내리쬐는 청량한 가을볕이 유리 벽을 넘어 연회장 안쪽까지 가득 찼다. 여기는 축의금 접수대와 신부대기실, 폐백실, 피로연장 등을 갖춘 전형적인 결혼식장이 아니다. 대규모 회의나 모임을 열도록 갖춰진, 흔히 컨벤션홀이라고 부르는 시설이었다. 그래서 공간 활용 기준과 가격 정책이 기존 결혼식장과 달랐다. 식사 비용만 계산하면 단정하게 꾸민 연회장을 오전 11시부터 오후 3시까지 자유롭게 쓸 수 있었다. 보통은 하객 식대, 대관비, '스드메(스튜디오 촬영, 드레스 대여, 메이크업)'

비용 등을 결합하여 예식장에 지불한다. 고급 웨딩드레스나 화려한 꽃장식 같은 특별한 선택지를 고르면 금액이 쭉쭉 치솟는다. 예식 후 서둘러 사진 찍고 다음 차례를 위해 부랴부랴 빠져나가야 하는 각박한 사정에 비해 지나치다는 생각이 들었다.

스튜디오 촬영은 애초에 고민도 하지 않았다. 옷을 갈아입어 가며 몇 시간에 걸쳐 어색하게 웃어야 한다니. 민이 상상만으로도 경련을 일으키려 했다. 편안한 분위기에서 최소한의 기념사진만 남기자고 민을 설득했다. 내 친구 중 가장 사진을 잘 찍는 정효에게 촬영을 부탁했다. 반갑게 응해 준 착한 내 친구와 일요일 아침 카이스트에서 만나기로 했다. 탁 트인 하늘을 만끽하며 소풍 나온 마음으로 정문 앞에 서 있는데, 택시 한 대가 우리 앞에 멈췄다. 고급 카메라와 각종 도구를 짊어진 정효를 발견하자 민의 등에서 한 줄기 식은땀이 흘렀다. 나는 길 안내를 부탁한다며 민을 추슬렀다. 오리연못과 어은동산을 지나고 익숙한 캠퍼스를 구석구석 누비며 민의 긴장이 누그러들었다. 정효가 그 기회를 놓치지 않고 노련한 솜씨로 촬영을 이끌었다. 덕분에 우리 셋만 아는 친밀함과 다정함이 결혼사진에 가득 담겼다. 정효는 기꺼이 예식 당일 촬영까지 맡아 주었다.

그날 촬영 현장을 지나친 사람들은 눈치챘을까, 재킷 아래

입은 무릎 길이의 하얀 원피스가 바로 웨딩드레스라는 사실을. 웨딩드레스 디자인을 고르며 옷자락이 바닥을 덮는 풍성한 드레스 사진 수십 장을 휴대전화 사진첩에 저장해 보았지만, 그 아름다운 옷들은 '내 옷'처럼 느껴지지 않았다. 길게 늘어뜨린 치마는 보기에 화려하지만 누군가 도와주지 않으면 움직일 수 없다. 나는 몸을 꽉 조여 매는 드레스에 포박당해 얌전히 주저앉아 있고 싶지 않았다. 신랑과 식장 앞을 자유롭게 돌아다니며 손님을 맞이하기에는 무릎까지 오는 편한 원피스가 제격이었다. 내가 입은 옷과 내가 보여 주는 움직임이 곧 메시지라고 생각했다. 이제 체형이 달라져 옷장 한쪽을 차지한 그 옷을 다시 입을 엄두는 안 나지만, '내 웨딩드레스'는 여전히 그날의 나를 품은 채 남아 있다.

예식을 채워 줄 작은 요소들을 마련하는 작업이 한동안 퇴근 후 취미생활을 대신했다. 일러스트 작가에게 메시지를 보내 입간판에 넣을 그림을 주문하고, 성혼선언문을 하객 수만큼 인쇄해 함께 낭독할 수 있도록 했다. 마음에 드는 꽃다발 디자인을 골라 예약하고, 예식에 어울릴 만한 장신구를 인터넷 쇼핑몰에서 구매하고, 당일 새벽 방문할 미용실을 정했다. '웨딩' 두 글자를 지우고 하나씩 장바구니에 채우니 거품 없는 지출을 할 수 있었다.

예식의 각 순서에 맞게 재생할 음악 목록은 민이 직접 구성했다. 민은 〈스타워즈〉 악역인 다스베이더의 테마 음악을 신랑 행진곡으로 삼았다. 자기가 등장할 때 손님들이 유쾌하게 웃기를 바란 모양이다. 예식 전후 손님들이 식장에 머무는 시간에는 우리가 즐겨 듣던 노래를 들려주기로 했다. 예를 들어 〈오르막길〉, 〈밤편지〉, 〈백년해로〉처럼 우리의 사랑에 배경음악으로 맴돌던 노래들. 민은 주말을 내어 집안 어르신들께 새 가족을 소개하고 오랜만에 사촌 동생에게 연락해 축가를 부탁했다. 우리의 결혼식이 점점 가까워지고 있었다.

　　전염병 유행으로 다수가 모이는 행사가 급격히 감소하면서 자연스럽게 간소한 결혼 풍속이 자리 잡았다. 그런 앞날을 예측할 수 없었던 2017년까지만 해도 스몰웨딩을 선택한 이들은 유명 연예인이거나 사회생활을 회피하는 괴짜였다. 적어도 내가 공직에서 만난 많은 이는 그렇게 느꼈다. 공무원 내부 통신망에 애경사 소식을 올리는 게시판이 있다. 기존의 공지 양식(특히 맨 끝에 적는 계좌번호)을 대신하여 적은 낯선 이야기는 신기함과 불편함을 동시에 불러일으켰다. 초대도 하지 않고 축의금도 마다하다니. 게시물을 확인하자마자 나에게 전화해 도대체 왜 그러냐며 우려 섞인 질문을 건넨 선배도 있었다.

우리의 결혼을 축하하는 사람들에게 시간을 선물로 주고 싶었다. 식을 올리는 사이 각자의 자리에서 행복하고 느긋한 시간을 보내는 것만큼 가치 있는 축하가 없다고 생각했다. 직장과 너무 선을 긋는 거 아니냐고 묻는다면 나는 그 선만큼 건강하게 지낸다고 답하고 싶다. 덕분에 축하와 애도의 자리에서 빚 갚는 기분 없이 진심으로 기쁨과 슬픔을 나눌 수 있었다. 돈은 아주 중요한 수단이지만 내려놓으니 얻을 수 있는 것 또한 참 많았다. 축의금을 받지 않았던 것은 언제 돌이켜 보아도 후회가 없는 결정이다.

티 없이 푸른 하늘이 돋보이던 날 우리의 결혼식이 열렸다. 촬영을 도와주러 온 정원과 사회를 맡은 선영이 제일 먼저 식장에 도착했다. 제멋대로 결혼식이지만 고마운 친구들 덕에 탈 없이 진행할 수 있었다. 말끔하게 제복을 갖춘 민과 손을 꼭 잡고 식장 앞에서 반가운 얼굴들을 맞이했다. 작은 결혼식이라는 말이 민망할 정도로 많은 친척이 모였다. 민의 다섯 이모와 그 식구들만 해도 거의 스무 명이니 그럴 만했다. 늘어선 탁자에 나란히 앉은 우리의 가족을 바라보니 특별하게 모신 기분이 들어 뿌듯했다.

주례를 대신하여 시아버지가 앞으로 나오셨다. 시아버지는

원신흥동 연회장

며느리인 나를 생각하며 지은 시 한 수를 발표하셨다. 이보다 더 낭만적인 결혼 선물이 있을까. 아들 내외의 혼인을 축하하다가 당신의 어버이를 떠올리며 눈물 흘리시기도 했다. 먼 훗날 철없는 손자가 아빠에게서 들은 이야기로 당신을 놀릴 줄은 상상도 못 하셨겠지만 말이다. "할아버지는 아빠 엄마 결혼식에서 울었대요~ 울었대요~!"

식이 끝난 후 손님들은 다과를 나누며 오랜만에 만나는 친척과 담소를 나누었다. 옛날 동네 잔칫집처럼 느긋하고 넉넉한 풍경이었다. 정효가 식장 곳곳의 표정들을 놓치지 않고 사진으로 담아 준 덕에 오래도록 그 시간을 추억할 수 있었다. 장성한 자녀를 둔 어른 몇 분은 우리의 결혼 방식을 눈여겨보고 정보를 얻어 가기도 하셨다.

그렇게 삶의 한 페이지를 우리만의 방식으로 넘겼다. 이제 다음 장을 써 나갈 차례였다. 혼자가 아닌 둘의 이름으로.

탄방동 산부인과

손바닥보다 작은 판에 알약 28개가 촘촘히 줄지어 있다. 골똘히 들여다보다가 경구피임약을 봉투에 집어넣고 약국 밖으로 걸어 나왔다. 좀체 임신이 되지 않아 초조한 마음으로 찾아간 산부인과에서 피임약을 처방받았다. 일부러 피하고 멀어져야만 가까이 다가설 수 있는 꿈이라니.

들쭉날쭉한 생리 주기가 문제였다. 짧으면 한 달 반, 길면 넉 달 만에 월경이 돌아오니 도저히 다음 배란일을 예상할 수 없었다. 초음파 검사로 배란 시점을 정확히 맞출 수 있다지만 그것도 생리 주기가 일정할 때나 가능하다. 내 몸이 제대로 작동하는지 걱정스러웠다. 갑자기 월경을 시작하면 당황하기보다는 아직 자궁이 멀쩡하다며 안심할 정도였다. 심한 월경 전 증후군을 겪는 한 친구는 일 년에 네댓 번 월경하는 내가 부럽다고 했다. 얼굴이 하얗게 질려 끙끙 앓던 그 애를 떠올리면 위로로 한 말만은 아닌 것 같다.

"다낭성 난소 증후군으로 보입니다." 검사 결과를 유심히 살펴보던 의사가 말했다. 경구피임약을 복용하면 규칙적인 생리 주기를 만들 수 있을 거라고 했다. 초조함을 다스리기 위해 기다림을 처방받은 셈이다. 덧붙여 난임 시술에 관한 설명을 들었다. 예전과 달리 이른 나이부터 인공수정이나 시험관아기시술을 시도하는 경우가 많다며 전문병원 몇 곳을 추천했다. 나도 결국 이런 길을 택하게 될까. 얼마나 고통스러운 과정인지 들은 바 있어 고개를 저었다. 그러나 저울의 반대편에는 헤아리기 어려운 무거움이 실려 있었다. 끝내 만나지 못할 어떤 아이의 존재였다.

결혼 후 한참이 지나도록 양가 어르신 누구도 임신을 보채지 않으셨다. 둘이서만 행복하게 잘 살겠다며 앞질러 버린 남편 덕이 컸다. 내가 간절히 임신을 바라는 걸 잘 알고 있는 민이 스트레스로부터 나를 지키기 위해 펴낸 묘수였다. 언제부터인가 생산적인 인간이 되고 싶다는 갈망이 나를 사로잡았다. 임신과 출산은 내가 궁리해 낸 가장 생산적인 일이었다(유전자의 명령을 충실히 따른 탓이라 치자.). 몸속에서 한 생명이 생겨나는 신비는 신의 기분을 체험할 유일한 기회라고 생각했다. 그것이 희열과 평화든, 혼란과 두려움이든.

임신 테스트기의 두 줄을 확인하고 산부인과로 달려가 심장 소리를 들었다. 잘 보이지도 않는 조그만 태아가 그렇게 온전한 심장을 품고 있을 줄은 상상도 못 했다. 선명한 심장 박동이

"엄마, 내가 여기에 있어요."라고 말하는 것만 같아 눈물이 쏟아졌다. 지금도 아이의 왼쪽 가슴에 귀를 대면 그때의 쿵쾅거림이 다시 들려오는 듯하다.

내 자궁에서 살게 된 아주 작은 이에게 우리는 '유유'라는 이름을 붙여 주었다. 남편과 나의 이름에서 한 글자씩 딴 유유는 신나게 세포분열을 하며 자기 자신이라 칭할 만한 공간을 넓혀 갔다. 태아 시절 유유의 상태를 가장 잘 설명하는 단어는 '가능성'이다. 아직 배란도 수정도 되지 않은 때에 유유는 이미 '임신 1주'였다. 나는 이 기묘한 임신주수 셈법을 듣고 슈뢰딩거의 고양이를 떠올렸다. 임신 4주 이후 임신 테스트기의 두 줄을 확인할 때 비로소 상자 속 고양이가 살아 있었는지 분명히 알 수 있다. 이 아이뿐만 아니라 모든 생명은 한때 확률과 가능성으로만 존재했다. 불안정한 세포 덩어리인 유유가 초기 유산이라는 가혹한 시험을 통과하기는 녹록하지 않았다. 엄마 곁을 떠나지 않고 임신 초기를 잘 버틴 덕에 이 아이는 '가능성'에서 '사람'에 더 가까워졌다.

나는 사실 유유가 오기 전부터 유유를 사랑했다. 존재하지 않을 때도 그의 존재를 사랑했다는 아이러니는 '어디에도 없지만 모든 곳에 존재하는' 신을 연상케 했다(무신론자인 남편도 내가 지은 신학에 찬사를 보내 주었다.). 갑작스럽게 임신 사실을 알게 된 날, 기다려 온 소식임에도 앞으로 감당해야 할 책임이 거대한 그림자를 드리우니 나도 모르게 움츠러들었다. 누군가를 만나 함께 살아가는 순수한 기쁨을 미처 경험하지 못했더라면 내가 용기 낼 수 있었을까. 단지 한 사람을 만나는 것만으로 삶이 완전히 다른 차원으로 전환되기도 한다. 포기해야 하는 이점도 있겠지만 그런 것쯤은 개의치 않게 될 정도로 격이 다른 경험을 접하기 때문이다. 남편을 만남으로써 알게 된 삶의 비밀은 내가 다음 모험에 기꺼이 뛰어들 수 있도록 힘을 실어 주었다.

워낙 허약한 체질이라 출산 과정이 수월할지 걱정이 많았다. 많이 걸어야 좋다는 조언을 듣고 임신 중반부터 산책을 시작했다. 임신 후반에는 아파트 꼭대기 층까지 계단으로 여덟아홉 차례 오를 만큼 튼튼해졌다. 출산예정일 전날에도 30분은 거뜬히 계단을 오를 정도였다. 운동을 마치고 쉬던 중 일정한 간격으로 통증이 오는 것을 알아챘다. 이게 바로 출산 징조구나. 늦은 밤 짐을 챙겨 병원으로 향했다.

산부인과 야간 접수대에 서 있던 직원들이 커다란 배를 내밀고 성큼성큼 걸어오는 나에게 인사했다. "진통이 시작돼서 출산하러 왔는데요." 평온한 얼굴로 용건을 말하는 나를 보며 직원이 살짝 갸우뚱했다. "자궁 입구가 아직 많이 벌어지지 않았으면 내일 다시 오셔야 할 수도 있어요." 초음파 검사 화면을 유심히 들여다본 직원이 다시 말했다. "잘 버티셨네요. 지금 바로 입원하시면 됩니다."

다행히 경과가 꽤 진행되어 도착하자마자 무통 주사를 맞을 수 있었다. 자궁 입구가 충분히 열리지 않았거나 출산 직전이라면 진통이 필요하므로 무통 주사가 금지된다. 조그만 상처나 장난스러운 타격에도 소스라치는 나로서는 상상하기도 싫은 상황이다. 척추로 주사액을 넣기 위해 등을 동그랗게 말아 웅크리자 둥실한 배가 폭 싸였다. 아가야, 이제 너랑 내가 단둘이 헤쳐 나가야 할 시간이야. 우리는 아주 운이 좋았다. 무통 주사의 축복 덕에 통증이 가라앉고 농담을 할 수 있을 정도로 편안해졌다. 아기가 나오기 직전까지 소리 한 번 지르지 않고 끙끙거리는 정도의 진통만 느끼며 서너 시간을 보냈다.

출산이 임박하자 의사가 분만실에 입장했다. 여러 수치를 확인하던 의사는 진통이 너무 약해 분만에 차질이 생길 수 있다며 걱정했다. 진통 정도를 표시하는 계기판 숫자가 확 치솟아야 한다는데 그렇다고 진통을 꾸며 낼 수도 없는 노릇이었다. 새끼를 밴 초식동물처럼 가만히 앓는 소리를 내며 의사의 잔소리를 청취했다. 잠시 후 거듭 힘을 주자 나를 구성하던 큰 덩어리가 와락 빠져나갔다. 이제 내 몸에는 나 한 명만 있는 건가. 유유가 분만실이 떠나가도록 쩌렁쩌렁하게 울었다. 고된 분만 과정을 온몸으로 이겨 낸 유유, 우리 아이 혁이 내 품 위에 올라왔다. 이 작은 존재가 평생 내게 해 줄 수 있는 모든 걸 바로 오늘 다 받았다는 생각이 들었다.

관저동 우리 집

비좁은 안방에 처음으로 셋이 누운 밤이 여전히 생생하다. 요 두 장을 깔면 꽉 차는 그 방이 우리의 천국이었다. 낡은 창으로 어스름히 새어 들어온 달빛이 우리 식구를 비추었다. 나의 존재는 내 몸의 윤곽을 벗어나 나란히 누운 셋만큼의 크기로 이 방을 채우고 있었다. 나는 세상에 단 한 사람만으로 존재하지 않았다.

인연을 만나 혼인하고 아이가 태어나 쑥쑥 자란다고 해서 슬픔이 없는 세계로 이주하는 건 아니었다. 내 삶에는 계속 나쁜 일과 좋은 일이 뒤섞여 등장했다. 무기력과 절망이 부지런한 단골처럼 그치지 않고 찾아왔다. 그때마다 우리가 함께 있으니 괜찮다고 고개를 주억거렸다. 이 고통이 바로 그들에게서 비롯된 것이라 할지라도.

어린 날의 내게 사랑이란 곧 어머니를 가리키는 말이었다. 내게 삶을 준 이에게 당연히 돌아가야 하는 대가. 이 순간까지 내가 살아갈 수 있도록 떠받치고 있는 분에 대한 고마움과 부채감. 이 감정은 여전히 사랑의 근원으로서 내 안에 자리 잡고 있다. 남편과 아이를 만나며 사랑의 범위는 넓어졌다. 청혼을 받아

들여 기꺼이 나의 세계로 와 준 사람, 남편에게 닿아야만 하는 모든 표현이 사랑이다. 내가 세상 안으로 불러들인 새 생명, 아이에게 남겨야 할 모든 순간이 사랑이다.

남편과 아이를 꼭 껴안으며 나는 일종의 당위를 떠올렸다. 사랑받아야 할 사람에게 마땅히 사랑이 돌아가야 하므로 '사랑이 지금 여기 존재케 하라'는 준엄한 명령에 순종하는 것. 사랑이 단지 책임감의 하나에 불과할지도 모른다는 생각은 가끔 나를 혼란스럽게 했지만, 그래도 이게 '나의 사랑'이었다.

어느 날 아이와 노는 남편을 바라보다가 문득 깨달았다. 내게 사랑이란 바깥으로 향하는 감정이 아니라 자신이 어디에 있는지 알게 하는 감각이라는 사실을. 사랑 덕분에 나는 둘을 바라보고 있는 지금의 내가 어디에 있는지 알아챌 수 있었다. 나는 아주 오랫동안 가고자 소망했던 곳에 이미 머물러 있었다.

사랑에 관하여 내가 느끼고 생각하는 방식은 앞으로도 계속 달라지겠지. 개념 정의에 집착하는 것보다는 구체적인 행위로 뛰어드는 쪽에 사랑의 진실이 깃들어 있다고 믿는다. 우리 가족이 보낸 어느 저녁을 곰곰이 되짚으며 글로 남긴 적이 있다. 누가 나에게 사랑이 무엇이냐고 묻는다면 대답 대신 이 글을 내보일 것이다.

오후 7시 50분. 불이 꺼진 안방에 유미와 혁, 민이 차례대로 누워 있다. 조금 전까지 폴짝폴짝 뛰어다니던 혁은 기세가 한풀 꺾였다.

유미 (혁의 손을 쓰다듬으며) 직접 만질 수 있다는 건 대단한 것 같아요. 전자책 시대에 굳이 종이책을 읽는 것처럼. 인공 지능 세상에는 어떤 서비스가 살아남으려나.

민 AI 시대에는 기존의 방식으로 공부할 필요가 없어요. 챗지피티는 질문을 잘하기만 하면 답을 다 만들어 주잖아요.

유미 챗지피티가 만든 답이 제대로인지 판단할 수 있는 능력이나 내 것으로 소화할 수 있는 능력이 중요한 것 같아요.

오후 8시 10분.

민 인공 지능으로 인해서 결국 인간은 멸종하고 호모 로보티쿠스가 세상을 지배할 거예요.

혁 엄마랑 아빠랑 왜 계속 이야기해요?

유미 엄마 아빠 이야기는 다 했어. 기다려 줘서 고마워. 우리 아가도 이야기해 줄래?

혁 예초기가 드르륵 하면서 소리가 나요. 그리고 펑! 터졌어요……(눈꺼풀이 살금살금 기울더니 곧 잠든다.).

 오후 8시 30분. 깊이 잠든 혁을 팔베개에서 내려놓은 유미가 민에게 살며시 다가간다.

민 혁이 훌쩍 자란 후에도 우리가 친구처럼 지내면 좋겠어요.

유미 나는 친구로 여겨 주기를 바라지는 않아요. 힘들 때 기댈 수 있는 존재로 마음속에 남으면 좋겠어요.

민 당연하지만 그렇지 못한 경우가 많으니까. 우리는 꼭 그렇게 해요.

 오후 8시 55분. 유미와 민이 서로에게 기대어 있다.

유미 혁은 동생이 생긴다면 장난감 갖다주며 재밌게 놀아 주겠대요. 자기가 형님이니까. 나는 스무 살이 넘도록 우리 언니가 아기처럼 대했어요. 자는데 볼에 뽀뽀해 준 적도 있다니까.

민 나랑 여동생은…….

 오후 9시 20분. 유미와 민이 이불을 동그랗게 말아 끌어안은 채 마주 앉아 있다. 혁이 작게 코를 골며 깊은 잠에 빠져 있다.

유미 예전에는 높은 목표와 그걸 향해 달려 나가는 여정을 좋은 삶의 조건이라고 생각했는데, 최근에 생각이 많이 바뀌었어요. 지금 내가 가장 자부심을 느끼는 건 나의 생활이에요.

민 시간이 가져다준 변화네요. 다음에는 또 어떻게 바뀌게 될까.

오후 9시 50분. 유미와 민이 거실로 나왔다. 민은 책장에서 앨범을 꺼내 새로 인화한 사진을 어떻게 배치할지 고민한다. 그 곁에 엎드린 유미가 일기를 쓴다.

유미 나도 『이기적 유전자』를 읽어 보기로 했잖아요. 너무 어려울 것 같아서 그동안 시도도 안 했거든요. 요즘은 두려워하고 피하던 것들을 오히려 팔 벌려 안아 보려고 해요.

민 좋은 도전이에요. 내가 응원해요.

오후 10시 15분. 온 방의 불이 꺼진다.

유미 우리 오늘 얘기 엄청 많이 나눴네요.

민 꼭 둘이 독서 모임 한 것 같아요. 잘 자요.

오후 10시 30분. 사방이 고요하다. 셋의 숨소리가 밤을 채운다.

302호와 304호

관저동 아파트 단지

혁을 낳고 조리원에서 나온 지 얼마 되지 않아 코로나19 바이러스가 전 세계를 덮쳤다. 끝이 보이지 않는 가혹한 재앙은 당연하게 여기던 삶의 토대를 무참히 망가뜨렸다. 우리는 '타인과 거리를 두라'는 당부를 공기처럼 익숙하게 여겼다. 마스크 너머를 들여다보지 못한 채 몇 해가 흐르니 다른 사람의 표정을 상상하는 게 더 어색해질 지경이 되었다.

집합금지 명령이라는 무시무시한 경고가 가로막지 않더라도 누군가를 만나는 일은 매번 힘겨웠다. 혁의 백일상에 시부모님을 모시는 일조차 모험이었다. 마스크로 중무장한 시어머니께서 식사도 마다하고 손주 모습만 눈에 새기다 일어나셨다. 아이가 세 돌을 훌쩍 넘어선 후에야 서로를 가로막는 담이 허물어지기 시작했다.

그 고단한 시절 세 식구가 함께여서 든든했다. 다시 말하면 꽤 오랫동안 우리 식구 말고는 거의 아무도 안 만났다. 바깥바람 쐬는 것조차 자유롭지 않았다. 등에 업은 아기를 다독이며 아파트 단지 뒤쪽의 한적한 오솔길을 걷는 게 거의 유일한 외출이었다. 다양한 얼굴과 표정을 유심히 관찰하면서 영유아의 사회성과 언어능력이 발달한다는데 그건 이 시대의 아기들에게 먼일이었다. 하긴 어른인 우리도 서로 만나지 못하니 사회성과 언어능력이 후퇴하는 느낌이 들었다. 영유아 돌봄의 특성상 집 안에서 긴 시간을 보내야 하는데 여기에 자발적 격리까지 더해지니 수감생활이 따로 없었다.

그런 날들 사이에도 겨울 지나 봄은 오고 새싹이 고개를 든다. 내가 발견한 봄소식은 바로 이웃의 존재였다. 거리 두기에 몰두하느라 아주 가까운 곳에도 사람이 산다는 사실을 잊고 지냈다. 아니, 나는 이웃이라는 걸 가져 본 적도 없었다. 아파트, 다가구 주택 등을 전전하는 동안 옆집의 삶에 관심을 둔 적은 한 번도 없으니. 생애 처음으로 이웃을 사귀고 내가 겪은 반가움과 기쁨은 한 편의 글이 되었다. 2021년에 쓴 이 글은 친구와 놀 생각에 마음이 부풀어 들썩이는 꼬마의 표정을 하고 있다. 막막한 봉쇄의 시간을 견디고 더 넓은 세상으로 나아가도록 도와준 이들을 기억하며 다시 읽어 본다.

"초인종을 누르지 말아 주세요." 아기를 업고 아파트 복도를 걷다가 302호 현관문에 붙어 있는 종이를 발견했다. 이 집에도 아기가 사는 모양이다. 혁처럼 아직 낮잠을 떼지 못한 개월 수겠지. 기껏 아기를 재웠는데 딩동 하는 소리에 화들짝 깨면 얼마나 힘든지 나도 잘 안다. 눈발이 하얗게 날리는 오후에 복도의 끝과 끝을 오가며 산책 기분을 내는 우리처럼, 그런 하루를 지내는 사람들이 여기에도 살고 있을까. 나는 등에 업은 아기를 토닥이며 괜히 302호 앞을 서성거렸다.

겨울이 끝나고 새봄이 찾아올 때까지도 문 안쪽의 안부는 묻지 못했다. 초인종 소리가 울려서는 안 되는 302호와 코로나19로 외부인 출입이 뚝 그친 304호. 그 사이 몇 걸음이 너무나 멀어 서로의 인기척을 느낄 수 없었다. 집 안에 갇혀 아기가 던지는 매일의 과제와 씨름하다 보면 바깥으로 열리는 마음의 문이 좁아지는 모양이다. 이웃 아기는 어떤 장난감을 좋아하는지, 산책은 어디로 다니는지 물어보고도 싶었지만 결국 쪽지 한 장 남겨 볼 용기를 내지 못했다.

내 친구의 이름은 윤. 나보다 두 살 어리고 갸름한 얼굴이 뽀얗다. 혁보다 두 달 먼저 태어난 천방지축 아들이 있는데 다음 주부터는 어린이집에서 낮잠까지 자고 돌아올 거라고 한다. 이제는 아이가 깰 걱정 없이 아무 때나 초인종을 눌러도 되겠구나. 나는 오랫동안 문 앞에 붙어 있던 경고문을 떠올리며 생긋 웃었다.

윤은 302호에 살고 우리는 따스한 바람이 불어오기 시작하는 늦봄에 친구가 되었다. 혁의 어린이집에 새로 다니기 시작한 원아가 바로 이웃집 아기라는 걸 우연히 알게 된 날부터다. 엘리베이터 앞에서 스치듯 엇갈린 게 다인 그 아기가 바로 혁의 새 친구라니. 상상도 못 했던 소식에 이상하게 마음이 두근거렸다. 이제 저 문을 두드려 봐도 좋다는 신호처럼 느껴졌다.

더 미룰 것도 없이 막 하원한 우리 아이를 데리고 302호로 찾아갔다. 조심스레 현관문을 연 아기 엄마의 표정이 어리둥절하다가 혁의 얼굴을 알아보고 금세 환해졌다. 아기와 함께 들어간 교실에서 혁을 만났는데, 얼마 전 마주친 이웃 아이일 줄은 꿈에도 몰랐단다. 오전 내내 함께 놀면서도 못 알아보았다며 자신을 탓하는 윤을 두고 내가 손사래 쳤다. 기억하지 못했어도 괜찮다고, 반갑고 또 반갑다고, 꼭 만나고 싶었다고, 지난겨울부터 하고 싶었던 말을 윤에게 쏟아 냈다.

멀게만 느껴지던 두 집 사이 거리가 우당탕 구르는 아이들 뜀박질로는 순식간이었다. 두 아기는 우리 집 안방에서 벌러덩 눕고 거실에서 아웅다웅하며 놀았다. 우리는 그 옆에 앉아 살아온 이야기와 살아갈 이야기를 나누었다. 아이를 키운다는 건 혼자가 아닌데도 참 외로운 일이라서, 그저 우리 넷이 함께할 수 있는 것만으로도 참 다행이었다.

눈앞에 있어도 보이지 않고 한 치 앞에 있어도 만날 수 없는 사람들이 있다. 엄마가 되기 전까지는 공원에 앉아 있는 노인에게 인사하거나 놀이터에서 시간을 보내는 초등학생에게 말 붙이지 않았다. 공연히 이웃집 문을 두드리는 일은 말할 것도 없다. 매일 오후 같은 자리로 나오시는 할머니, 스스럼없이 간식을 나눠 주는 동네 어린이들, 그리고 이웃집 윤. 아이 덕분에 그들과 처음으로 만날 수 있었다. 나를 가둔다고 여기던 육아가 오히려 나와 세상을 연결해 주었다.

"윤, 아이 반찬 줄 테니 아기 재우고 나면 잠깐 올래요?" 애호박 볶음과 콩 조림을 작은 통에 나눠 담고 윤과 유미라는 서로의 이름도 카카오톡 대화창에 차곡차곡 담

앉다. 아이들로부터 시작한 만남이라도 누군가의 엄마라는 호칭을 넘어 풍성하게 이뤄 나가고 싶었다. 그리하여 관계의 첫 문을 여는 혁에게 가르쳐 주고 싶었다. 너도 앞으로 만날 사람들과 서로 사랑하며 살아갈 수 있다고, 아직 만나지 못한 사람들까지도 사랑할 수 있게 된다고.

그해 우리는 302호와 304호를 오가며 평일 저녁 대부분을 보냈다. 늦은 밤 귀가하는 남편 대신 윤이 육아 동지가 되어 주었다. 윤에게 나도 그런 역할이었으리라고 믿는다. 하원 후 쪼르르 한 집에 모여 놀다가 잠들기 직전에야 흩어지던 우리를 떠올린다면 말이다. 멀리 있어 자주 보지 못하는 가족보다도 더 가깝게 지냈다. 윤이 없었더라면 2021년을 어떻게 보냈을지 상상만으로도 아찔하다. 아이와 작은 감옥에 갇힌 심정으로 비대면 비접촉의 시대를 버텼을 것이다. 코로나19 시국이 아닐지라도 육아는 사람을 외롭게 만드는 일이어서.

윤의 아이, 진은 혁보다 두 달 일찍 태어났을 뿐이라는 게 놀라울 정도로 키가 크고 덩치도 좋았다. 공룡 이름을 줄줄 꿰는 진은 모형을 나란히 세워 놓고 공룡학 강의를 펼치곤 했다. 뭉개지는 발음 사이에도 프테라노돈이니 스테고사우루스니 하는 어려운 이름을 척척 댔다. 그러거나 말거나 혁은 거실 한쪽에 중장비 장난감을 모아다가 공사가 한창이다. 진의 학식에 뒤처질세라 굴착기 부품 명칭을 소리 높여 외쳤다. 관심 분야가 달라 평화로운 둘 사이에도 가끔 분쟁이 생긴다. 장난감 운전대에 먼저 앉은 사람을 억지로 밀쳐 내거나 소리 나는 인형을 차지하려고 엎치락뒤치락할 때처럼. 나는 주시하고 있다가 얼른 중재에 나선다. '기저귀도 나눠 쓰는 사이에 너무 각박하게들 굴지 말라'며 둘을 가라앉힌다.

윤은 부엌에서 넷을 위한 저녁밥을 준비한다. 어묵국을 끓이고 달걀 요리를 하는 사이 전기밥솥 김 빠지는 소리가 향긋하게 퍼진다. 함께 밥을 먹을 때마다 새삼스럽게 행복했다. 둘만 있을 때에 비하면 호화로운 만찬이었다. 아이 먹이는 데 골몰하다가 막상 내 끼니는 제대로 챙기지 못해 아이가 남긴 밥을 주섬주섬 먹거나 주전부리로 허기를 달래는 날이 태반이었다. 어른과 함께 먹는, 심지어 남이 차려 주는 저녁밥은 내가 누군가를 돌보듯 나도 돌봄을 받고 있다는 아늑함을 느끼게 해 주었다.

가을과 겨울 사이 문턱을 넘을 무렵 우리에게 이웃이 하나 더 늘었다. 씩씩한 딸내미를 키우는 이십 대 중반의 젊은 엄마 현이 등장했기 때문이다. 어느 쌀쌀한 아침 어린이집 신발장에 낯선 사진이 추가된 걸 발견했다. 얼굴을 기억해 두었다가 우연히 마주친 모녀에게 반갑게 인사했다. 알아봐 줘 고맙다며 환하게 웃는 그 모녀는 공교롭게도 우리 위층에 살았다. 이건 또 무슨 인연이람. 등원을 마친 여유시간에 윤과 현, 그리고 내가 302호에 집합했다. 꽤 많은 나이 차와 전혀 다른 배경에도 불구하고 동갑 아이들을 키운다는 공통점은 우리를 강한 연대감으로 묶었다. 우리의 수다는 육아로 시작해 인생으로 나아갔다. 마치 이 만남을 아주 오래 기다려 왔던 것처럼 쉬지 않고 두 시간 넘게 이야기 나누었다.

두 집이 그러했듯 세 집이 친해진 후에도 서로의 집에 활발히 오갔다. 우리는 공동육아를 할 뿐만 아니라 온갖 자질구레한 일에서 도움을 주고받았다. 밤에 갑자기 다쳤는데 바를 약이 없으면 빌려 가기도 하고, 조미료가 필요한데 마침 마트가 문을 닫아 곤란하면 얼른 챙겨 주기도 했다. 어떤 유아 변기를 사야 기저귀를 잘 뗄 수 있을지 머리를 맞대기도 하고, 발달이 빠른 아이가 유용하게 썼던 교구를 물려주기도 했다. 〈아기상어〉를 들으며 세 아이가 광란의 춤판을 벌이던 저녁은 잊을 수 없다.

다정한 이웃살이는 내가 육아휴직을 마칠 때까지 이어졌다. 다시 출근을 시작하자 상황이 순탄하지 않았다. 잦은 야근과 주말 업무 때문에 고육지책으로 혁을 정림동 친정에 맡겼다. 304호는 늦은 밤과 새벽에만 우리 부부의 온기가 스치는 삭막한 집이 되었다. 가끔 카카오톡으로 윤과 헌의 안부를 묻곤 해도 예전 같은 교류는 불가능할 수밖에 없었다. 나도 친정에서 출퇴근하며 지내기로 하고 짐을 옮기면서 우리 집은 더욱 황량해졌다. 마침내 우리는 부모님 댁 바로 옆으로 이사하고 말았다. 몇 달 후 윤도 관저동의 다른 집으로 주소를 옮겼다. 헌은 임차 계약이 종료되는 대로 정리해서 새로운 곳으로 떠날 예정이라고 했다.

도안 유아숲체험원

어쩔 도리 없이 멀어졌지만 이렇게 영영 헤어질 정도로 그리움이 얕지 않았다. 서로를 모르던 아주 오래전부터 첫 만남을 고대하던 우리였다. 각자 다사다난한 살림살이를 돌보느라 시간이 꽤 걸렸지만 결국 와야 할 날은 왔다. 바로 지난주 화요일이었다.

"이 동네 오는 거 진짜 오랜만이에요. 일 년 만인가?" 아이와 나의 손을 잡고 걷던 남편이 새삼스럽게 관저동 풍경을 둘러보았다. 예전에 살던 아파트 단지 앞 카페로 약속 장소를 정했다. 느닷없이 연락해 다음 날 만나자고 청했는데도 흔쾌히 응해 준 옛 이웃들, 윤의 가족과 현의 가족이 곧 여기로 온다. 무럭무럭 자라났을 혁의 벗들이 보고 싶어 테라스 너머로 고개를 길게 뺐다. 아이들이 나를 알아보았는지 아니면 그저 흥에 겨웠는지 멀리서부터 달려와 품에 안겼다. 뜻밖의 선물에 감격하며 모두에게 인사를 나누었다.

아이들이 과자와 음료를 즐기는 사이 우리는 챙겨 온 이야기보따리를 풀었다. 물론 흘린 부스러기를 치우고, 조금씩 먹으라고 주의시키고, 뻗대다가 머리를 부딪치면 달래 주는 일까지 동시에 해야 한다. 끊겼다가 이어지길 반복하는 대화가 아이들의 저지레를 따라 산만해졌다. 보다 못한 남편이 아이 셋을 데리고 앞마당으로 나갔다. 한숨 돌린 우리는 이제야 가만히 서로의 눈을 마주 볼 수 있었다. 서로 떨어져 있는 동안 하고 싶은 이야기가 어찌나 불어났는지 수다는 끝날 기미가 안 보였다.

"어차피 다들 점심은 먹어야 하니까 같이 가죠. 짬뽕 어때요?" 식사 시간을 앞두고 슬슬 모임을 마쳐야 하나 고민하던 차였다. 우리는 아파트 상가 2층에 있는 중국집으로 자리를 옮겼다. 윤의 남편까지 합류하니 좁은 가게가 붐볐다. 짜장면 면발을 쭉 늘여서 손가락으로 튕기며 노는 아이, 볶음밥 한 숟갈에 손톱만 한 단무지를 올려 먹는 아이, 그릇에 짬뽕 국물이 섞였는지 맵다고 투정 부리는 아이……. 어른이 다섯이어도 아이 셋을 챙기다 보면 여유가 없다. "모두 오후에 뭐 하세요? 날도 좋은데 같이 산책이라도 해요." 식사가 끝나 가는 와중에 현이 불쑥 제안했다. 조금 머뭇거리는가 싶더니 모두 참석을 외쳤다. 함께하는 즐거움에 마음이 동하여 다들 선뜻 따라나섰다.

관저동 구석구석에 밝은 내 남편이 도안 유아숲체험원으로 여행단을 안내했다. 갑작스럽게 결성된 오늘 여행단의 목표는

도안 유아숲체험원

오직 재밌게 지내는 것. 아파트 단지를 통과하는 길에 아이들이 놀이터에 눌러앉아 한참 놀아도 아무도 싫은 기색이 없었다. 목적지가 방금 하나 더 추가되었다고 생각할 뿐이다. 건양대학교병원 뒷산을 올라 유아숲체험원에 도착한 아이들은 아기자기한 나무 놀이터를 제 세상처럼 누볐다. 흙 놀이 하고 토끼처럼 깡충깡충 뛰며 온전히 이 시간 속에서 살았다. 부모들은 한쪽에 걸터앉아 다과회를 벌였다. 편의점에서 챙겨 온 음료와 과자를 먹으며 오늘 여행에 대한 감상을 나누었다. 한두 명이 교대로 나가 아이들의 안전을 챙기는 것은 물론이고.

　실개천이 비껴가는 남쪽으로 내려오니 널따란 공원이 보였다. 종종 놀러 오던 공원인데 이렇게 이어질 줄은 생각도 못 했다며 다들 신기해했다. 아주 가까운 곳도 잘 알지 못한 채 살아가는 것 같다고, 자꾸 발견해 가는 삶을 살아야겠다고 우리는 입을 모았다. 바로 옆에 사는 이웃의 존재도 비슷하다. 가까이에 있어도 알기 어려워 좋은 이웃을 얻는 경험은 참 귀하다. "다음에는 정림동에서 모여요. 갑천에서 뛰어놀면 재밌을 거예요." 모두 이런저런 일정이 마무리되는 초가을에 정림동을 여행하자고 기약했다. 더 많은 곳을 발견하고 더 많은 사랑을 물려주며 살아가자고, 무언의 약속을 서로의 마음에 남기며.

　공원에서 신나게 뛰어노느라 시간 가는 줄 모르다가 해가 넘어가기 직전 각자 집을 향해 흩어졌다. 헤어지기 아쉬웠던 혁이 나를 끌어당기며 말했다. "엄마, 나는 우리 가족이 백 명이면 좋겠어요. 윤 이모랑 현 이모랑 다 우리 가족 할래요." 온종일 관저동과 도안동을 누비며 걸어 다닌 세 아이는 모두 일찍 잠에 들었다. 아이들은 첫 이웃의 기억을 어떻게 품고 살아갈까. 꿈나라에서도 다 함께 모여 신나게 놀았으리라는 상상만 해 본다.

초대 손님

대전역

솔 내가 2월 중순에 대전으로 갈게. 맛난 거 먹고 따듯한 차 마시자.

유미 나 만나러 오기까지 살아와 줘서 고마워.

솔 만나기도 전에 울리기 금지!

 솔과 10년 만에 만나기로 했다. 카카오톡으로 대화를 나누는 것조차 3년 만이었다. 공무원이 되었다고, 결혼한다고, 아기를 낳았다고, 내가 몇 년에 한 번 불쑥 안부를 전하는 게 그간 우리 연락의 전부였다. 좀처럼 먼저 연락하지 않는 솔이 야속할 만도 한데 나는 별로 개의치 않았다. 아직 때가 오지 않았을 뿐이라고 생각했다. 나는 우리 사이의 징검다리가 너무 성기지 않도록 틈틈이 돌을 놓으며 기다렸다.

 솔은 나의 대학 동기다. 모범생과 사고뭉치 같은 조합이라 서로의 친구가 거의 안 겹쳤다(내가 전자이고 솔이 후자인데 정작 공부는 솔이 훨씬 잘했다.). 대학 시절 솔과 제일 많이 어울려 놀았느냐 하면 그렇지는 않다. 내 마음 가장 깊숙한 곳에 들어와 살았던 친구가 솔이라고 말하는 쪽이 정확하다. 솔에게 내가 어떤 친구였는지는 모르겠다. "너를 뺀 나머지 내 친구들과 너는 너무 달라. 단 하나뿐이야."라고 했던 말을 기억할 뿐이다. 스무 살 때 솔이 던킨도너츠에서 사 온 자그마한 초코케이크는 가족이 아닌 누군가에게 받은 첫 생일 케이크였다. 그리고 올해 생일, 솔이 10년 만에 처음으로 내게 먼저 연락했다.

솔이 대전에 찾아온다는 기쁜 소식에 흥이 났다. 강의와 집필로 바쁜데도 기꺼이 틈을 낸 솔을 위하여 선물을 준비했다. 대전역에서 시작하여 원도심을 구경하고 우리 동네로 넘어오는 세 장짜리 여행계획서를 만들었다. 시간대별 동선까지 정리한 문서를 훑어보고 솔이 감탄을 금치 못했다. 서비스 기획자, 여행가, 행정직 공무원이 삼위일체 될 때 나오는 동네 여행이란 이런 것이란다. 나는 카카오톡 너머로 어깨를 으쓱했다.

나는 혼자 여행할 때 계획을 거의 세우지 않는다. 현지에 도착해야만 만들어 낼 수 있는 우연하고 특별한 경로가 있다고 믿는다. 반면 누군가와 함께하는 여행을 앞두면 철저히 계획형 인간으로 변신한다. 내가 지독한 방향치이자 길치라는 사실을 의식해서다. 동행인이 나의 당황을 실시간으로 맞닥뜨리며 불안해하는 일이 없기만을 바란다. 대전역으로 솔을 마중 나갔다가 출구를 제대로 찾지 못해 우왕좌왕한 것처럼……. 역사 바깥에서 헤매다가 사람들을 붙잡아 물어본 끝에 정반대 쪽 출구를 따라 가까스로 나왔다. 남북을 구분하기만 하면 되는 간단한 일이었는데 막 기차에서 내린 친구를 여기저기 끌고 다니며 고생시켰다. 착한 솔이 그럴 수도 있다며 함께 길을 찾아 줬다. 솔은 태어나서 두 번째로 대전에 온 참이었다.

"솔, 만나서 진짜 반가워. 보고 싶었어." 어설픈 여행 안내원 역할은 내려놓고 10년을 기다린 내 친구와 마주 보았다. 천방지축 대학생 모습은 사라지고 선생님이자 학자인 솔이 내 앞에 서 있었다. 솔은 이제 완숙하고 세련된 태가 났다. 나는 얼마나 달라져 있을까. 함께 국문학 수업을 듣고 페미니즘 학회 활동을 하던 때로부터 많은 날이 지났다. "내 생각에는 학교 친구 중에 네가 제일 잘 사는 거 같아." 대전역 광장을 나란히 걷던 솔이 말했다. 현실에 치여 손 내밀 여유가 없던 세월에도 솔은 멀리서 친구의 여정을 지켜보고 있었다. 오늘이 오리라 믿고 기다려 온 사람은 나뿐만이 아니었다.

대전트래블라운지

"대전 여행의 시작이라면 아무래도 대전트래블라운지가 좋지." 다시 여행 안내원의 본분으로 돌아간 내가 목소리를 은근히 깔고 솔을 이끌었다. 아는 길로만 돌아다닐 건데 굳이 여행 안내소에 들를 필요가 있나 싶지만 '여행 온 기분' 자체가 가장 중요할 때도 있다. 대전 시민인 우리 가족조차도 대전트래블

중동 대전트래블라운지

초대 손님

라운지에 들러 그런 기분을 낸다. 대전역 광장에서 조금만 걸어 내려오면 아기자기한 벽화로 꾸민 귀여운 건물이 눈에 띈다. 로켓을 탄 꿈돌이가 여행자를 반기는 대전트래블라운지다. 지도나 소책자를 나눠 주는 기존의 여행 안내소에서 한 발 나아가 대전에 첫발 딛는 이를 위한 쉼터이자 시민이 언제든 들를 수 있는 놀이터 역할을 하고 있다.

대전 관련 홍보물과 기념품이 전시된 1층을 둘러보고 계단 쪽으로 걸음을 옮겼다. "이야, 여기 너무 좋은데." 솔이 여행책으로 가득 채운 서가를 가리켰다. 책꽂이와 맞붙은 계단을 오르며 천천히 책등을 훑어보았다. 한 권 꺼내 들고 저기 있는 푹신한 의자에 파묻히기만 해도 시간이 훌쩍 지나겠네. 옛날 오락기며 색칠 놀이 도구까지 갖춘 2층은 기차를 기다리며 머물기에 딱 좋다. 탁 트인 유리창 너머로 중앙로를 내려다보는 재미도 있다. 짐이 많다면 무료 보관함을 이용할 수도 있으니 대전 여행자가 맨 처음 들러야 할 곳으로 추천할 만하다.

갈 길이 머니 첫걸음에 배불러 주저앉을 수 없다. 실은 정오를 넘어서자 급격히 배가 고파져 서둘러 길을 나설 수밖에 없었다. 목척교에 들어선 솔이 익숙한 풍경이라며 반가워했다. 며칠 전 인스타그램 피드를 넘기다가 우리 가족이 목척교 위에서 찍은 사진을 보았단다. 그물 같기도 하고 지붕 같기도 한 오묘한 다리 구조물이 사진에서 본 그대로다. 나는 시청에서 함께 일한 선배가 들려준 일화를 솔에게 전했다.

"그분이 목척교 복원 공사 때 담당 공무원이었대. 긴 역사가 담긴 중요한 다리니까 당시 대전 최고의 건축가에게 맡겼겠지. 그 건축가가 생태 도시의 철학을 담아서 도시의 허파를 상징하는 디자인을 제안했는데 담당자가 보기에도 정말 훌륭했대. 근데 다 지어 놓으니 동네 사람들이 수군거리더래. 이거 '쓰레빠' 아니냐고." 구멍이 숭숭 뚫린 덮개 아래로 발을 쏙 집어넣고 싶은 목척교를 쳐다보며 우리는 킥킥대고 웃었다.

걸음을 옮겨 식당, 카페, 술집, 상점이 즐비한 으능정이에 접어들었다. 유동 인구가 많이 줄었다지만 아직 기세가 죽지 않았다. "대전의 대표 음식을 세 가지 꼽으라면 나는 칼국수, 두부두루치기, 성심당 빵을 대겠어. 그런 의미에서 점심은 피자랑 파스타 어때?" 우리는 팔짱 낀 호랑이가 귀엽게 웃고 있는 보문산 호랭이로 향했다.

식탁 위에 설치된 태블릿 단말기로 메뉴를 살펴보다가 스테이크샐러드피자와 전복리조또를 선택해 주문 버튼을 눌렀다. 가게 이름은 향토색이 진한데 메뉴는 세계주의 입맛이다. 상차

림을 기다리며 솔과 수다를 떨었다. 떨어져 있는 동안 어떤 사건이 있었는지 풀어놓으며 인생의 중요한 고비들을 짚어 나갔다. 서로 다른 방향으로 뻗어 나가는 삶의 강물 속에서 우리 참 열심히 헤엄쳤구나. 일과 사랑과 가족에 관해 이야기하며 녹록지 않았던 서로의 시간을 이해했다. 나의 열변을 한참 듣고 있던 솔이 이제야 속이 시원하다는 듯 외쳤다. "그래, 난 너를 만나서 이런 대화를 하고 싶었다고!"

식사를 마치고 나오며 여행 계획서를 다시 펼쳐 들었다. "다음 장소는 여기서 코너 돌면 바로 보이는 성심당이야. 성심당이 곧 대전이라는 건 익히 들었지? 사실 들르지는 않을 텐데, 표시 안 해 두면 서운하니 넣어 봤어." 솔이 의아한 얼굴로 나를 보았다. "주말에 줄이 어마어마하게 길거든. 그 시간에 가야 할 곳이 너무 많아." 솔이 눈앞의 인파를 확인하고 내 말을 실감했다. 성심당 본점, 성심당 케익부띠끄, 성심당 옛맛솜씨, 성심당 문화원…… 성심당의 자매 가게들이 늘어선 골목을 대수롭지 않다는 듯 지나쳤다. 나는 아쉬움을 감추려고 일부러 무심한 표정을 지었다. 붐비지만 않으면 솔을 성심당에 꼭 데려가 주고 싶었는데. 대전에 맛있는 빵집이 얼마나 많은지 줄줄 외는 것으로 미련을 달래며 길을 건넜다.

프렐류드

"혹시 문구류 좋아하니?" 솔은 아이패드와 컴퓨터로 작업하니 문구를 쓸 일이 거의 없다고 대답했다. 여행 중에도 큼지막한 노트를 두 권이나 챙긴 걸 보면 문구에 어느 정도 애정이 있을 것 같았는데 의외였다. 그리고 나는 곧 진실을 알게 되었다. 솔은 어느 정도가 아니라 엄청나게 문구를 좋아했다. 내가 추천해 준 문방구에서 한 시간 가까이 구경하더니 가방에 겨우 들어갈 만큼 잔뜩 쟁이고 나서야 밖으로 나왔다.

솔과 함께 들어간 문방구는 선화동 엔씨백화점 뒤에 있는 프렐류드다. 해외에서 공수한 다양한 소품과 직접 제작한 노트, 스티커 등을 판매한다. 프렐류드에 들어선 손님들은 커다란 탁자를 가득 채운 색색의 지우개 행렬에 눈이 휘둥그레진다. 솔이 이 문방구에 반한 것도 그곳부터였을 것이다. 메모지와 필기구와 책갈피와 클립을 찬찬히 들여다보던 솔은 프렐류드의 매력에서 헤어 나오지 못했다. 홀린 듯한 뒷모습을 바라보니 느긋하게 기다리는 쪽이 좋을 것 같았다.

그날은 프렐류드의 대표인 다은 씨의 생일이기도 했다. 솔

선화동 프렐류드

에게 프렐류드를 소개하려던 차에 마침 매장으로 배달할 선물도 있으니 방문하기에 더없이 좋은 기회였다. 다은 씨는 남편의 독서 모임 친구이자 우리 가족 모두의 친구이기도 하다. 우리 부부가 다은 씨 생일선물을 상의하자 혁이 곰곰이 듣더니 자기 방으로 들어가 손때 묻은 장난감 두 개를 꺼내 왔다. 아이의 마음만은 꼭 전하고 싶어 사진 찍어 엽서를 만든 후 우리가 고른 책들과 함께 종이가방에 담았다. 밀려드는 손님을 응대하느라 바쁜 와중에 내 얼굴을 알아본 다은 씨가 환하게 웃었다. "오늘 같은 날에도 일해서 어떡해요. 생일 축하해요." 내가 내민 깜짝선물에 놀란 다은 씨가 금세 감격한 얼굴을 했다.

다은 씨는 자기 일을 진심으로 사랑하는 사람이다. 특별한 날에도 예외를 두지 않고 일에 파묻힌 모습이 안쓰럽기보다는 행복해 보였다. 선물을 건네주고 뒤돌아보니 솔이 여전히 아기자기한 문구 사이에 푹 빠져 있었다. 솔처럼 몰두한 얼굴을 한 인파가 가게를 꽉 채웠다. 자기에게 가장 귀한 것을 내어 정성껏 만드는 이와 그 수고를 알아보고 기꺼이 들여가는 이들 사이에서 보이지 않는 공감이 수없이 오갔다.

프렐류드에서 가까스로 탈출해 바로 위층에 있는 이이디 에스프레소 바에 갔다. 건물 어디에도 카페 간판이 붙어 있지 않아 처음 찾아갈 때는 꽤 당황스럽다. 단지 'eed'라고만 적힌 자그마한 입간판이 건물 입구를 안내하는 유일한 표시다. 간신히 1층 출입구로 들어섰다고 해도 계단을 올라 다시 두리번거려야 한다. 벌컥 열었다가는 어느 사무실의 불청객이 될까 겁이 나는 삭막한 철제문만 덜렁 있기 때문이다. 이 낯설고 괴팍한 관문을 통과한 사람만이 에스프레소 잔치에 입장할 자격을 얻는다. 메뉴판에 적힌 누베, 레네, 칼도, 프레도 같은 이름을 따라가 본다. 쓰디쓴 액체가 설탕과 우유, 크림, 카카오파우더를 만나 어떻게 황홀하고 풍부한 맛으로 깨어날지 벌써 기대된다.

"대전은 너무 좋은 곳이야……." 아직 문방구 천국에서 완전히 벗어나지 못한 솔이 읊조렸다. 나는 말없이 웃으며 고개를 끄덕였다. 탁자 위에 둔 진동벨이 울려 우리 몫으로 나온 조그만 잔 두 개를 받아 왔다. "서울은 에스프레소 바 열풍이 이미 한번 휩쓸고 지나갔지? 다 마신 에스프레소 잔 세 개씩 쌓아서 사진 올리는 게 인스타그램에서 유행이었는데." 서울을 빠져나온 후 미디어에 등장하는 각종 유행에 발맞추는 건 어려워졌다. 쏟아지는 특종 기사에도 피로를 느끼는 나 같은 이에게는 차라리 행운처럼 느껴졌다. 사람들 입에서 오르내리고 멀리 퍼져 나가 어느덧 거의 잊힐 때쯤에야 나는 뒤늦게 그 맛을 본다. 요즘 사람들 관심사에 나를 맞추느라 마음 졸이지 않고 차근차근 세상과 만난다. 내가 대전에서 산다는 건 그런 의미였다.

커먼즈필드 대전

옛 충남도청 본관인 대전근현대사전시관에 방문했다. 10년 전 내포신도시로 도청을 옮기기 전까지 직원들이 이곳에서 근무하던 흔적을 만날 수 있다. 2층 도지사 집무실에서 발코니 문을 열면 대전역까지 쭉 뻗은 큰길이 한눈에 담긴다. 100년 전 이 자리에 서서 대전의 중심지를 내려다보았을 어느 일본인을 상상했다. 솔은 1층 근현대사 전시실에 비치된 자료들을 자세히 들여다보았다. 호기심 가득한 눈으로 전시물을 관람하던 솔이 말했다. "연구할 자료가 많아서 근현대 역사 분야가 참 재밌는 것 같아." 역사 공부라고는 달달 암기해서 한국사 점수 따는 것밖에 모르는 내게는 멀기만 한 학문적 태도였다.

'모두의 서재'가 있는 커먼즈필드 대전을 보여 주려고 옛 충남도청 별관 쪽으로 돌아 나왔다. "내가 진짜 좋아하는 곳이야. 너무 좋아서 여기에 대한 글도 썼다니까. 여긴데…… 일요일은 휴관이래." 문턱이 닳게 드나들었지만 그게 다 평일 점심시간이었다는 걸 간과했다. "원래 계획대로 잘 안돼." 싱거운 웃음을 한 번 터뜨리고 길가로 나왔다. 지난해 써 둔 글을 휴대전화 창에 띄워 두고 만지작거리다가 내려놓았다.

　가을바람이 선선해 창문을 모두 열어 두었다. 야근 중인 직원들은 침묵 속에서 키보드만 타닥거렸다. 바깥에서 무슨 소리가 울리는 것 같지만 신경 쓰는 사람은 아무도 없었다. 나는 깊어져 가는 밤을 느끼며 모니터에서 시선을 거두었다. 익숙한 음률이 귀에 닿았다. '내가 진짜 좋아하는 노래네. 누가 부르는지 목소리도 원곡이랑 비슷하다.' 일을 하다가 다시 노랫소리에 집중했다. 가수 본인이 직접 부르는 게 분명했다. "오늘 길 건너에서 축제 한다더니 초대 가수 왔나 보네요." 맞은편에 앉은 직원이 대수롭지 않게 말했다. '그냥 초대 가수가 아니에요! 세상에, 이분이 여기까지 오다니!' 동료들의 심드렁한 표정을 보니 차마 속마음을 겉으로 외칠 수 없었다. 혼자 갈등에 빠졌다. 30분만 더 일하면 마무리될 텐데. 한두 곡이라도 가까이에서 듣기 위해 사무실을 박차고 나갈 것인가, 아니면 이대로 남을 것인가.

　기어이 임무를 성실히 마치고 나서야 나는 자리에서 일어났다. 창문 너머 희미하게 들리는 노래에 만족하며.

과감히 떨치고 나가지 못하는 심약한 자신에게 실망한다 해도 어쨌거나 공무원다운 결정이었다. 급한 일들을 벗어던져 후련해진 다음 날 아침, 옛 충남도청 건물에서 흘러나왔던 노랫소리의 정체를 검색해 보았다. 어제부터 열리는 '다(多)가치 대전' 축제에 관하여 찾아냈다. 축제 장소로 적힌 '커먼즈필드 대전'이라는 이름이 낯설었다. 우리 사무실 건너편에 그런 곳이 있던가? 엘리베이터를 타고 내릴 때마다 창 너머로 바라보았던 그 건물, 멀고도 생소한 그곳을 탐험해 보기로 했다. 퇴근 후 과감히 횡단보도를 건너 미지의 세계로 넘어갔다.

아직 축제가 한창인 커먼즈필드 대전에 들어가 여기저기를 기웃거렸다. 나무 마루가 깔린 뒷마당은 곧 진행될 북토크를 위해 좌석을 설치하느라 분주했다. 먹거리와 소품을 판매하는 장터를 지나쳐 광장으로 나왔다. 어제의 흥취를 이은 오늘 밤 공연이 준비 중이었다. 일정표를 짚어 보니 낮에는 유명 연사 강연도 있었던 모양이다. 가까이에서 이렇게 재밌는 행사가 벌어지고 있는데도 까맣게 몰랐다. 우뚝 서서 미어캣처럼 두리번거리는 내게 축제 진행요원이 다가와 말을 걸었다. "안녕하세요, 커먼즈필드 대전에 처음 오셨어요?"

진행요원이 지난 7월 개관한 커먼즈필드 대전에 관해 소개했다. 시민이 일상적으로 사회혁신을 경험하고 주도적으로 아이디어를 실험할 수 있도록 지원하는 공간이라고 했다. 옛날에 우체국과 선거관리위원회 사무실 등으로 이용하던 충남도청 별관을 시민 소통의 장소로 재정비했다. 일개 구경꾼에 불과한 나에게 각 건물의 특징까지 상세히 설명해 주다니. 열정에 감탄하고 있는 나를 향

선화동 커먼즈필드 대전

해 그이가 본론을 꺼냈다. "조금 있으면 북토크 시작인데 참가자가 너무 적어요. 정말 좋은 책을 쓴 훌륭한 작가님인데 듣고 가지 않으시겠어요?" 집에 돌아가 아이를 챙기려면 잠깐 구경하기도 빠듯했던 나는 '제가 아직 못 읽어 본 책'이라며 공손히 사양했다. "모두의 서재로 가시면 읽어 보실 수 있어요." 희망의 끈을 놓지 않는 직원에게 성의를 보이고자 일단 그곳으로 걸음을 옮겼다.

모두의 서재는 모두의 공터, 모두의 작당과 나란히 선 아담한 건물이다. 1층은 지역 문제를 시민이 스스로 해결하기 위해 애쓴 흔적들을 보관하고 있다. 대전사회혁신센터가 시민과 함께 진행한 다양한 프로젝트를 아카이브 형태로 정리했다. 2층으로 올라서면 아름답고 안온한 서재가 독서가를 유혹한다. 우리 지역을 함께 사유하고 삶과 도시에 대한 영감을 얻을 수 있도록 다양한 책과 자료를 갖췄다. 조명과 온도와 습도까지 모든 게 마음에 쏙 드는 공간이었다. 내가 찾아 헤매던 곳이 이렇게 가까이에 있었구나. 시곗바늘이 재촉하는 탓에 더 머물지도 못하고 신데렐라처럼 뛰어나갔다. 달리는 와중에도 절로 웃음이 났다.

평일 점심시간마다 밥을 따로 먹겠다며 내가 어디론가 사라진다면 틀림없이 모두의 서재로 향하는 발걸음이다. 삭막한 사무실에서 벗어나 모두의 서재에 머무를 때마다 내 삶이 나의 바람에 더 가까워지는 기분이 들었다. 해야 하는 것들에 갇혀 있다가 좋아하는 것 속으로 풍덩 뛰어드는 그 시간이 나에게는 큰 기쁨이었다. 나중에는 식사를 일찍 마친 동료들을 하나둘 데려와 이곳에 머무는 기쁨을 전파하기도 했다. 덕분에 길 건너 의문의 건물에 방문하게 된 이들은 내가 처음에 그랬듯 신기하고 놀라운 마음을 감추지 못했다. 좋은 장소가 주는 행복은 책과 가깝지 않은 이들에게도 살포시 스며들었다. 행복의 비밀을 나눠 갖는 이들이 점점 늘어났다.

갑천 둔치

'박유미 출퇴근길 체험'을 위해 솔과 함께 201번 버스에 올라탔다. 이 버스는 선화동부터 정림동까지 이어지는 큰길을 한눈팔지 않고 쭉 달려간다. 특별한 여행 프로그램이라며 둘러댔더니 아침저녁으로 반복되는 일상이 내게도 새삼스럽게 느껴졌다. 솔이 차창 너머 풍경을 바라보며 미소 지었다.

아빠 손을 꼭 잡은 혁이 정림동 버스정류장에서 기다리고 있었다. 사진으로만 보던 혁과 직접 마주해 감격한 솔이 스르르 녹아내렸다. 부끄러운 듯 뒤로 숨은 아이가 꾸벅 고개를 숙였다. 내리쬐던 볕이 한결 포근하게 느껴져 시계를 쳐다보니 오후 4시였다. 우리는 남편이 안내하는 경로대로 갑천을 산책하기로 했다. 우리 가족이 동네에서 어떤 주말을 보내는지 솔에게 소개할 수 있다니 신이 났다. 갑천 둔치를 따라 가수원동으로 접어들 무렵, 혁이 곁눈질로 슬쩍 솔을 쳐다보며 관심을 두기 시작했다. "솔 이모랑 손잡고 같이 걸어가면 어때?" 혁이 단호하게 고개를 저으며 내 옆에 달라붙었다.

대전의 남북을 가로지르는 갑천 물줄기 가운데 나에게 가장 뜻깊은 곳은 정림동 천변이다. 부모님께서 정림동에 터 잡으신 이후로 우리 가족의 저녁 산책길은 한결같았다. 어둑해진 하늘빛을 받으며 아파트 단지와 나란한 강물을 따라 젊은 부모님과 어린 내가 함께 걸었다. 가수원교를 거쳐 정림중학교까지 갔다가 집으로 돌아오며 도란도란 많은 이야기를 나누었다. 세상과 나 자신에게 지쳐 부유하던 20대에 이르자 이 찬연한 길이 회색빛으로 보였다. 강이 보여 주는 다채로운 사계절이 눈에 들어오지 않았다. 내 마음에서 갑천을 되살려 놓은 건 엉뚱하게도 발칸반도의 작은 나라 마케도니아였다. 마케도니아의 수도인 스코페에 도착한 어느 저녁, 방에 짐을 풀고 산책을 나섰는데 숙소 앞에 흐르는 작은 강이 내가 아는 갑천의 모습과 똑같았다. 긴 여행에 쌓인 외로움이 어두워지는 강물에 겹쳤을 것이다. 멀리 떠나와 내가 본 것(혹은 보고 싶었던 것)이 그토록 벗어나고 싶어 하던 지루한 풍경이라니. 그 순간의 충격은 앞으로 대전에서 살아가겠다는 결정을 하는 데 큰 영향을 미쳤다.

　우리 넷은 강물과 함께 북쪽으로 흘러 도안동 천변에 닿았다. 부드럽고 따뜻한 볕이 쏟아지는 한편 선뜩한 늦겨울 바람이 살갗을 파고들었다. 아장아장 따라오는 혁에게 패딩 점퍼를 덧입혔다. 아까보다 붉은 기가 짙어진 햇빛이 강물 위로 부서지니

잔잔한 윤슬을 쳐다보는 것만으로도 흡족했다. 넓적한 바윗돌이 종종 놓인 징검다리가 S자로 굽어졌다. 남편과 혁이 손을 꼭 잡고 앞서 건넌 다음 솔과 내가 뒤따랐다. 지난가을 혁은 이 징검다리를 건너다가 물에 빠져 양말을 흠뻑 적셨다. 혁이 조심히 한 발씩 내디디며 서두르지도 멈추지도 않고 앞으로 나아갔다. 몇 달 사이 부쩍 자란 것 같은 혁의 뒷모습을 응시하며 내가 입을 열었다. "저 친구가 나보다 더 용감한 거 같아." 업어 달라고 보채지 않고 씩씩하게 다리를 건너는 아이를 향해 솔이 칭찬을 보냈다.

낯선 이에게도 수더분하게 말을 잘 거는 남편이 솔에게 조랑조랑 이야기를 들려주었다. "이 길이 제가 매일 지나는 출퇴근 길이에요. 강 풍경은 계절마다 정말 달라서 볼 때마다 재미있어요. 여길 지나면서 하루를 보낼 힘을 얻어 회사에 도착하고, 또 에너지를 충전한 후에 집으로 돌아올 수 있어요." 나와 산책하다가 만난 수달은 물론이고 두꺼비와 너구리 목격담까지 전하자 솔의 눈이 동그래졌다. "유미, 대단한 곳에 살고 있었구나." 봄에는 벚꽃이 탐스럽게 피고, 여름에는 버드나무 그늘이 드리우고, 가을에는 억새가 하얗게 흐드러지지. 겨울 강의 상쾌하고 산뜻한 기운 가운데 우리는 이야기를 이어 나갔다. 산책길에 오른 지 꽤 시간이 흘러 완연한 붉은빛이 온 강을 덮을 때쯤 솔이 고백했다. "나 대전에서 평생 살고 싶어." 그 바람이 너무나 진심이어서 웃기고 좋고 고마웠다.

산책을 마치고 갑천 둔치와 맞닿은 우리 집으로 솔을 초대했다. 현관문을 열자 거실 벽 한쪽을 채운 널따란 책꽂이가 손님을 반겼다. 낮은 칸은 혁이 좋아하는 책, 중간은 민과 나의 책, 그리고 위쪽은 우리의 추억이 담긴 물건과 가족사진으로 채워졌다. 아담한 집이지만 답답해 보이지 않는 건 식탁도, 침대도, 소파도 없기 때문이다. 아이가 마음껏 기고 걷게 하려고 가구를 치운 방바닥에 매트를 깔았다. 덕분에 어디에서든 장난치고 뒹굴며 놀기 좋았다. 솔은 우리 가족의 온기가 깃든 공간을 흥미롭게 구경했다.

그 사이 솔과 친해진 혁은 자기 방에 들어가 장난감들을 주섬거리더니 솔 앞에 잔뜩 늘어놓았다. 솔이 굴착기 모형에 관심을 보여 마음이 들뜬 혁은 책꽂이로 달려갔다. 모범생을 만난 혁 교수님이 교재를 펼치며 강의를 시작했다. "굴착기 그랩버킷을 유압브레이커로 바꿔 끼워서 '두두두두' 하고…… 하수구에 악취방지 커버를 설치해서 나쁜 냄새가 못 나게 해요."『움직이는 건설 현장』,『움직이는 도시』,『움직이는 엔진』 시리즈를 완독하고『움직이는 우주』를 반쯤 읽었을 무렵 내가 나섰다. "솔 이모

이제 가야 해. 책을 너무 많이 읽어서 이모가 못 가고 있어." 시무룩한 혁을 쳐다보며 솔이 어색한 웃음을 지었다.

솔을 배웅하러 서대전역으로 향했다. 기차 출발 시각을 앞두고 우리는 역사 한편에 있는 카페에 앉았다. 비스킷과 차 한 잔으로 애매한 저녁 식사를 대신했다. 솔은 아까 갑천에서 마음먹은 일을 곰곰이 검토하고 있었다. "일단 대전에 있는 학교들을 알아보고 자리가 있으면 지원해야겠어." 진지하게 거주 계획을 세우는 솔의 모습은 오늘 여행에 대한 최고의 칭찬이나 마찬가지였다. 대전에서 함께 사는 날이 정말 올까. 누구보다 혁이 그 날을 무척 바라고 있다. 집에 들어서는 나에게 달려오며 아이가 외쳤다. "솔 이모 또 언제 와요? 이모랑 놀고 싶어요!"

오늘도 책방으로

이데책방

 12시 30분, 빠른 걸음으로 으능정이를 넘어 목척교를 주파했다. 샌드위치로 점심을 때우고 서두른 끝에 약속 시각을 맞출 수 있었다. 건물 앞에서 고개를 갸웃거리다가 한 바퀴 돌아보느라 시간을 지체했지만.

 첫길에 이데책방을 찾기는 쉽지 않다. 지도 서비스에서 이데책방을 검색하면 뜬금없이 월간토마토 위치를 안내한다. 당황스럽지만 화살표 끝이 어디를 가리키고 있는지 차분히 살펴보면 된다. 대전천 너머 건어물거리에 있는 어느 외과의원 건물을 짚어 냈다면 반쯤 성공이다. 건물 앞에서 아무리 서성여도 이데책방이나 월간토마토 간판은 보이지 않지만 2층으로 과감히 올라가는 용기가 필요하다.

 이 책방은 평일 9시부터 18시까지만 운영한다(퇴근 후에 들르면 허탕 친다는 뜻이다.). 그마저도 여러 사정으로 문 닫을 때가 많으니 미리 주인장과 연락을 주고받은 후에 찾아가는 게 좋다. 몇 차례 헤맨 끝에 드디어 기묘한 서점 안으로 들어섰다.

 이데책방은 잡지 《월간 토마토》의 사무실 한쪽에 자리 잡은 작은 서점이다. 대전 지역의 문화 예술을 주제로 하는 《월간 토마토》와 마찬가지로 이데책방도 지역 출판물에 초점을 맞추고 있다. 서가 맞은편 책상에 앉아 있다가 내게로 걸어온 직원도 《월간 토마토》의 기자 혹은 편집자가 아니었을까. 그이는 매대에 누워 있는 책들을 가리키며 내게 정성스레 소개했다. 대전 구석구석을 방문해 살아 있는 역사를 기록한 『대전여지도』 시리즈가 낯익었다. 표지가 예쁜 『월평공원·갑천 생태도감』도 시선을 끌었다. 국내 출판계 최초로 지역 하천 한 곳만을 다룬 생물 도감이라고 했다.

"개인적인 시선으로 지역의 장소들에 관해 풀어내는 책은 없을까요?" 직원은 대전의 풍경을 문학 언어로 승화시킨 손미 시인의 시집을 내게 추천했다. "저도 이런 책을 만들어 보고 싶어서요……." 작게 중얼거리는 내 목소리를 듣고 직원의 눈이 커졌다. "혹시 작가님이세요?" 겸손이라기에 나는 정말 아무것도 아니라서 멋쩍게 웃으며 대답했다. "언젠가 그렇게 되고 싶어요."

대전에 있는 독립책방을 소재로 한 『일곱 가지 핑계』를 사서 한 손에 들고 이데책방을 빠져나왔다. 걸음을 재촉하면 점심시간이 끝나기 전에 사무실로 돌아갈 수 있을 것이다. 한낮의 짧은 여행을 마치니 다시 일상이 반복된다. 그러나 마음먹으면 닿을 수 있는 가까운 곳에 멋진 여행지가 있다는 건 사무실의 지루함도 견디게 한다. 퇴근길 버스에서 펼쳐 본 『일곱 가지 핑계』는 지금 독립책방으로 떠나길 권하는 초청장이자 여행안내서였다. 나는 빳빳한 책장을 넘기며 나를 더 넓은 세계로 데려가 주는 대전 곳곳의 책방들을 떠올렸다. 책방 문을 여는 것만으로도 언제든 멀리 떠날 수 있다는 사실 덕에 이 도시가 더욱 아늑하게 느껴졌다.

> 끝없이 이어지는 거리 속에서 좀처럼 쉴 곳을 찾지 못할 때가 있다. 그럴 때면 거리의 즐거움이 나와는 아무런 상관이 없는 것 같아 어깨가 움츠러든다. 그러다 마주친 책방은 반갑다. 책방은 책을 팔지만, 꼭 책을 사기 위해 들어가진 않는다.
>
> 황훈주, 『일곱 가지 핑계』(월간토마토, 2021), 68쪽.

(2024년 3월 월간토마토 사무실이 옥계동으로 이사하며 이데책방도 함께 떠났다. 지역출판물을 주로 다루는 책방을 찾는 이가 있다면 부사동 그래도상점에 방문하길 권한다.)

다다르다

"예전에 시청에서 일하지 않으셨어요?" 계단으로 내려가려는 차에 다다르다 김준태 대표가 다급하게 나를 불러 세웠다. 설마 날 알아본 건가. "그럼요, 당연히 기억하죠." 8년이나 흘렀는데 어떻게 잊지 않았느냐 했더니 '생각보다 많은 사람이 오지 않는다'며 넉살을 부렸다. "여기가 대전의 간판 독립서점이잖아요." 나의 응수에 그는 손사래 치며 쑥스러워했다. 대전 독립서점 역사의 새싹을 틔웠으며 지금껏 만개하여 왕성히 활동하는 곳이다. 대전 간판이라는 내 표현이 괜히 그를 추켜세우는 말은 아니었다.

김준태 대표가 기억하는 우리의 만남은 내가 막 공무원 생활을 시작하던 2015년으로 거슬러 올라간다. 대전중부경찰서 뒤편에서 조금 내려가면 서울치킨과 마주 보는 자리에 여행을 주제로 한 서점인 도시여행자가 있었다. 여행과 책, 내가 좋아하는 두 가지가 다 있다니. 홀린 듯 들어가서 책 사이를 기웃거리는 나에게 김준태 대표가 쓱 다가왔다. 대흥동에서 꼭 들러 봐야 할 곳들을 알려 주겠다며 말문을 열었던가. 어쩌다가 대화에 빠

저들었는지는 또렷하지 않지만 우리가 1시간 넘게 이야기 나눴다는 사실은 분명하다.

"1930년대에 만들어진 대전여중 강당은 현재 갤러리로 운영하니 전시를 관람해 보시고요." 김준태 대표는 지도 위에 동그라미를 그리고 경로를 표시하면서 대전 원도심의 근현대 역사와 문화 예술 지형을 설명했다. 오가는 사람이 뜸한 시간이기는 해도 단 한 명의 손님을 위하여 이렇게까지 열과 성을 다하다니. 그가 이 도시에 품은 애정은 벅차오를 정도였다. 열정으로 가득한 여행 과외는 헛되지 않았다. 원도심 보물찾기에 눈을 뜬 나는 함께 탐험을 떠날 대원을 모으기 시작했다.

'대흥동 성당·옛 산업은행 대전지점·옛 동양척식회사 등 근대건축물 탐방, 옛 충남도청 본관과 도지사 관사에 들러 해설사가 진행하는 교육 참석, 소극장 연극 관람을 통해 원도심 문화예술 체험.'

다섯 장짜리 계획서를 뚝딱 만들어 공무원 동기들에게 나눠 주었다. 맨 앞 장에 적은 '우리, 여행자가 됩시다'라는 제목을 다들 마음에 들어 했다. 대전에 평생 살았어도 으능정이나 대전역 지하상가에서 쇼핑이나 했을 뿐이지 원도심 도보여행은 상상도 못 했다고들 했다. 날씨가 누긋하던 토요일 아침, 우리 얼굴에 실린 설렘은 낯선 나라로 떠나는 여행자의 마음과 다를 바 없었다. 빡빡하게 저녁까지 이어지는 일정에도 누구 하나 지친 기색을 하지 않았다.

초보 원도심 여행단의 마지막 방문지는 도시여행자였다. 다정하게 우리를 맞이하는 김준태 대표를 따라 탁자에 둘러앉았다. 오늘 우리가 직접 보고 들은 원도심의 역사와 현황에 관하여 김준태 대표가 이야기를 보탰다. 나와 동기들은 여행 소감과 더불어 원도심 활성화를 주제로 생각을 나누었다. 김준태 대표가 우리 목소리에 유심히 귀 기울이더니 '많은 지역 상점이 거리에서 쫓겨났고 도시여행자도 그 순서를 따를 가능성이 크다'며 젠트리피케이션의 심각성을 일러 주었다.

그로부터 3년 후, 몇 배로 뛴 보증금과 월세를 힘겨워하던 도시여행자는 우려하던 바와 같이 여기를 떠나고 말았다. 다음 해 새로운 이름과 위치로 원도심을 다시 찾아오기까지 얼마나 많은 어려움을 겪었을까. 도시여행자는 '다다르다'라는 아름다운 이름으로 은행동에 둥지를 틀었다. 다다르다는 지역인의 문화 예술 사랑방으로서, 취향의 공동체로서, 지역 콘텐츠 기획의 본거지로서 활발하게 지평을 넓히고 있다. 신간을 낸 유명 작가가 대전을 찾아온다는 소식이 들리면 다다르다가 초대한 경우가

은행동 다다르다

대부분이었다. 책을 주제로 한 문화행사가 대전에서 열릴 때 다다르다가 빠지는 일이 없었다. 이곳은 전국의 책 좀 읽는다는 사람들이 대전에 놀러 올 때 성심당과 더불어 방문하는 명소로 자리 잡았다(다다르다는 성심당문화원 바로 맞은편에 있다.).

    그사이 나는 근무지를 여러 번 옮기고 결혼과 육아를 거치며 이상보다 일상에 밀착하고 있었다. 가족과 함께 다다르다에 여러 번 들렀으나 김준태 대표가 마스크로 가린 얼굴까지 알아

볼 수는 없었을 것이다. 수많은 사람을 만나며 놀라운 일을 계속 만들어 나가는 그이가 오래전 소박한 만남을 과연 기억할까. 나는 영 자신이 없어 매번 책값을 계산하자마자 후다닥 서점을 빠져나오곤 했다. 언제나처럼 지나치듯 인사하며 서점을 나서려는 나를 김준태 대표가 알아보기 전까지는 말이다. 오랜만에 마스크 없이 책방에 들른 나를 김준태 대표가 알아보고 옛 친구를 만난 듯 반가워했다. 고맙기도 하고, 감동적이기도 하고, 꿈을 꾸던 시절의 나 자신으로 되돌아간 것 같기도 했다.

"그동안 하고 싶었던 이야기가 많아요. 중교로에 가게를 세 개 더 만들 거예요. 여기에는 독립출판물만 전문으로 다루는 서점을 열 거고, 그리고 여기쯤……"

"대표님, 죄송한데 점심시간이 거의 다 끝나 가요. 일단 사무실까지 뛰어가야 할 것 같아요."

곧 다시 오겠다는 말을 등 뒤로 남기며 서둘러 직장으로 복귀했다. 이틀이 지난 후, 흥미로운 이야기를 듣기 위해 기꺼이 점심시간을 투자할 의지가 있는 동료 셋을 다다르다에 데려갔다. 김준태 대표는 대전을 사랑하는 데에 온 마음을 바친 듯 기세가 여전했다. 그이의 목소리에 집중한 진지한 시선들이 지도 위에 놓인 손끝을 따라갔다. 8년 전 그날처럼.

한쪽가게

―――――

 북토크 날짜가 확정된 2월부터, 사실은 장일호 작가가 '대전에서 북토크를 할 예정'이라고 슬며시 알려 준 1월부터, 어쩌면 『슬픔의 방문』을 읽고 난 12월부터, 나는 4월 8일이 오기만을 고대했다. 한쪽가게라는 낯선 장소를 지도에서 검색하고 눈여겨보는 일만으로도 이미 그 자리에 들어선 듯 기분이 들떴다.

 아이가 낮잠 잘 때 읽고, 블록 놀이하는 틈에 읽고, 칭얼대느라 내 잠을 쫓은 새벽 3시에 마저 읽었다. 언니와 잠깐 같은 일을 했고 그래서 언니를 안다는 게 나에게는 자긍심과 애틋함이 섞인 이상한 감각을 남겼는데, 자그마치 14년째 그러고 있다. 이 책 덕분에 앞으로 30년은 거뜬히 더 그럴 것 같다. 슬픈데 좋고, 씩씩한데 안쓰럽고, 어쨌거나 너무 좋고. 내 마음속에서 언제나 그리운 장일호가 그렇게 살아간다.

2022. 12. 4. 내 인스타그램에 쓴 『슬픔의 방문』 리뷰.

대망의 4월 8일. 막상 부닥치니 만만치 않은 날이었다. 심한 배탈 탓에 핼쑥해진 상태로 시험 감독관 근무를 하러 새벽부터 나섰다. 답안지 회수가 마무리되는 11시까지 긴장 속에 놓여 있다가 근무가 끝나자마자 허겁지겁 이응노미술관으로 향했다. 미술관 앞 공원에서 한적하게 햇볕을 쬐던 일호 언니네 부부가 우리 부부를 향해 손 흔들었다. 나는 도대체 어디에서 그런 기운이 샘솟았는지 남편의 손을 잡고 언니 앞까지 폴짝폴짝 뛰어갔다. 일호 언니가 함께 만나지 못해 아쉬운 혁을 위해 준비했다며 내 앞에 선물상자 하나를 내밀었다. 언니는 내 인스타그램을 통해 우리 아이가 요즘 무얼 좋아하는지 꿰고 있었다. 거의 10년 만에 만난 나와 언니도, 처음 만난 남편과 형부도, 말소리가 끊일 새 없이 수다를 벌였다. 식당에 마주 앉아 유쾌하게 웃는 동안 오전에 쌓인 피곤이 날아가는 것 같았다. 빈속이 가라앉도록 조심조심 밥을 삼키며 예감했다. '오늘 참 좋은 날이 되겠구나.'

"점심은 어디에서 드셨어요? 아, 저도 대만 음식 좋아해요!" 곧 북토크가 열릴 한쪽가게에 들어서서 두리번대는데 온기 가득한 목소리가 우리를 반겼다. 쏟아지는 환대에 어리벙벙한 나 대신 남편이 주인장과 대화를 이어 갔다. 한쪽가게의 김나경 대표는 어색함을 단번에 허물며 쭈뼛거리던 내 마음도 누그러뜨

갈마동 한쪽가게

렸다. 지금 돌이켜 보니 김나경 대표도 나와 마찬가지로 이 모임을 손꼽아 기다렸기에 그럴 수 있었던 것 같다. 작가를 포함하여 여기 모일 모든 이들과 만날 그 순간을 우리는 같은 마음으로 기다리고 있었다.

갈마1동 행정복지센터 뒤 작은 골목에 자리한 책방 한쪽가게는 카페 즐거운커피와 공간을 나눠 쓰고 있다. '읽는 사람을 위한 작고 조용한 공간'이라는 안내 문구도, 'Hi, Nice to read you.'라는 인스타그램 계정 이름도 사랑스럽다. 책과 메모로 가득한 서가를 찬찬히 살폈다. 남의 집에 놀러 갈 때면 책꽂이를 통해 집주인의 사상과 취향을 엿보는 재미가 있다. 독립서점은 그런 재미가 정점에 오르는 공간이 아닐까. 책이 아니라 책꽂이를 읽는 독서라고 하면 좋겠다. 한쪽가게가 추천하는 낱권의 책이 나의 선호와 맞지 않아도 상관없다. 나는 한쪽가게의 서가 그 자체에 마음을 빼앗겼다. 세심하게 책을 고르고 배열한 주인장의 정성, 책과 책 사이에 숨은 연결과 긴장, 이런 의도를 읽어 주길 기다리는 점잖음. 이들이 서가라는 작은 우주를 만들었다.

따스한 환영 세례를 거친 손님들이 널찍한 책상 근처에 하나둘 자리 잡았다. 다들 『슬픔의 방문』을 읽고 무슨 이야기가 그리 하고 싶어 여기 모였을까. '이 책을 쓴 작가를 직접 보고 싶었다'는 수줍은 대답만으로는 뭔가 부족했다. 전국 각지에서 벌인 북토크를 통해 독자를 만나 온 장일호 작가는 이들의 마음을 꿰뚫고 있었다. "여기 있는 사람 모두 한 번씩 말을 해야 밖으로 나갈 수 있어요. 예외는 없습니다!" 손님들이 와하하 웃었다. 읽고 나면 하고 싶은 말이 많아지는 책, 내 이야기도 이렇게 펼쳐 내고 싶게 만드는 책, 그런 책은 좋은 책이다. 『슬픔의 방문』 북토크가 매번 성황을 이루는 이유가 자명했다.

장일호 작가가 수많은 독자와 대화하며 깊어진 성찰을 특유의 장난스러운 진지함과 함께 꺼내 놓았다. 개구쟁이처럼 농을 하다가도 에두르지 않고 진실을 끄집어내곤 했다. 같은 책을 읽었다는 유대감 때문일까. 한쪽가게에 빽빽이 모여 앉은 북토크 참가자들이 장일호 작가의 목소리를 따라 한배에 탄 듯 출렁였다. 그래, 저 부분을 읽고 내 안의 상처를 보듬었지. 나도 그 문장을 읽고 위로받았어요. 『슬픔의 방문』이라는 매개가 우리를 밀접하게 연결하고 있었다. "오늘 분위기는 '기쁨의 방문'인데요?" 명랑한 웃음이 어우러졌다. 서로의 슬픔에 공감하는 이들과 만나는 기회는 그 자체로 기쁨이 되어서 모임 내내 웃음이 터져 나왔다.

장일호 작가가 진행자 역할을 맡기 시작하며 짓궂은 말투로 발표할 사람을 하나하나 집었다. 예상치 못하게 순서를 맞이한 손님들이 짐짓 수줍어했다. "아, 제 차례인가요······." 주저하는 첫마디가 무색하게 각자의 삶 가장 깊은 곳으로부터 끌어 올리는 말들이 강렬한 울림으로 퍼져 나왔다. 어디 가서도 털어놓지 못했던 이야기라며 눈빛이 내려앉으면 다정히 끼어드는 우스갯소리와 이어지는 웃음이 그 눈망울을 위로했다.

"저는 213쪽을 읽어 드릴게요. '짝꿍이 온몸의 무게로 나를 지그시 눌러올 때, 그 무게가 주는 기쁨과 행복이 있었다. 품에 코를 박고서 그의 심장이 팔딱팔딱 뛰는 걸 감각할 때마다, 잠든 모습을 오래 바라보며 눈으로 그의 얼굴을 만질 때마다, 나는 가끔 아이를 원했다.' 이 부분을 읽으며 상대를 사랑하는 마음이 선명하게 느껴져서 좋았고, 또 제 경우와 달라서 재미있었어요. 저는 사랑하는 사람을 꼭 닮은 아기를 낳고 싶다기보다는 '내가 태어나서 할 수 있는 가장 생산적인 일'을 해 보고 싶다는 바람으로 임신을 기다렸어요. 생산 그 자체잖아요. 굳이 다른 사람의 아이를 갖기보다 옆에 있는 남편의 아이를 갖는 게 좋다고 생각한 거고요."

내가 불쑥 뱉은 마지막 문장 때문에 둘러앉은 이들이 눈을 휘둥그렇게 떴다. 당황한 시선들은 내 곁에 앉은 남편을 향해 쏟아졌다. "남편분은 이런 사실 알고 계셨어요? 오늘 처음 들으시는 거죠? 괜찮으세요?" 언제나 짓고 있는 그 무심한 표정으로 남편이 대답했다. "예, 저는 이미 알고 있었습니다. 아무렇지도 않은데요." 공감이란 모두가 똑같은 모양의 마음을 갖는 게 아니다. 서로 다른 생각과 감정, 경험을 기꺼이 존중하고자 노력하는 태도이다. 남편의 반응을 신기해하며 손뼉 친 사람들도, 나의 마음을 그 자체로 이해해 준 남편도, 느끼는 그대로를 남편과 공유

할 수 있었던 나도, 다름을 받아들였기에 공감으로 나아갈 수 있었다.

"저희 카페 이름이 '즐거운 커피'잖아요. 어떤 분이 오셔서 '여기 사장님은 항상 즐거운가요?' 물으시더라고요. 그럴 리가 있나요. 저 또한 대부분 구질구질하고 가끔 즐겁다고 대답했습니다. 그게 당연하다는 걸 인정하면 삶이 행복한 것 같아요. 즐거운 커피에서 머무시는 시간이 그 가끔의 즐거움을 만들어 주길 바라고요."

모든 순간이 다 반짝이는 건 아니라는 담백한 말이 참 좋았다. 즐거운 커피를 운영하는 김경민 대표는 한쪽가게의 한 장짜리 간행물 '김브루씨의 Live A Little' 편집자이자 김나경 대표의 남편이다. 그이는 바리스타이자, 목수이며, 목사이기도 하다. 여러 역할로 일상을 이루어 가며 얻은 깨달음은 김경민 대표가 내린 커피에 그대로 담겼다. 커피잔에 입술을 맞대며 향과 맛을 오롯이 느껴 보았다. 생생한 감각은 내가 후회하고 두려워하는 대신 온전히 현재에 머물도록 이끌었다. 우리는 커피를 음미하며 일상을 견뎌 낼 힘을 나눠 받았다.

책에 사인을 받고, 단체 사진을 찍고, 소감을 나누느라 아담한 한쪽가게가 와글와글 법석이었다. 사람이 하나둘 빠져나가 조용해진 공간에 우리 부부, 일호 언니 부부, 김나경 대표 부부가 남았다. 우리는 두부두루치기를 먹으러 대흥동 진로집으로 나섰다. 하지만 의기투합은 그리 오래가지 못했다. 혁이 잠 못 들고 있다는 친정엄마의 전화를 받자마자 우리 부부는 후식을 먹으려던 숟가락을 내려놓고 주차장까지 전속력으로 달려갔다. 쌀쌀한 저녁에 땀이 배어나게 달리는데도 기분이 좋았다. 남편과 꼭 잡은 손을 흔들며 깔깔 웃었다. 봄 햇살이 푸근한 낮부터 아이를 재우러 달려가는 밤까지 나는 내내 생각했다. '이런 하루가 있다니 삶이란 참 좋은 거구나.'

이도저도

"저도 서점을 운영하고 있습니다." 동그란 안경을 추켜세우며 한 남자가 끼어들었다. 내 맞은편 자리에 앉은 그 남자는 오가는 이야기 틈에 자기 생각을 보태는 솜씨가 유창했다. 덕분에 『슬픔의 방문』 북토크가 더욱 풍부한 사유의 장이 되었다. 장일호 작가가 그 남자를 다음 발표자로 지목하며 '기회가 왔으니 본인 서점 홍보도 좀 하라'고 권하니 그이는 갑자기 부끄럼을 타기 시작했다. 낯간지러운지 몸을 조금 배배 꼬는 의외의 모습 때문에 사람들이 웃음을 터뜨렸다. 반응을 재미있게 여긴 이들이 홍보를 재촉하자 그 남자는 며칠 후 여는 음악회를 소개했다. 자기가 운영하는 서점에서 자작곡으로 공연할 예정이라고 했다. 한 곡 불러 달라는 얄궂은 요청 탓에 얼굴이 빨개진 그이는 곧이어 자기 인생 이야기로 사람들을 집중시켰다. 부끄럼쟁이와 달변가 면모를 두루 갖춘 이의 책방은 과연 어떤 곳일지 호기심이 일었다.

신성동 금성초등학교와 금성근린공원 사이에는 독립서점 이도저도가 있다. 서점 주인장이 관객 앞에서 기타 치며 노래한다는 이도저도 음악회가 궁금했지만 공연을 진행하는 늦은 저녁에는 아이를 재워야 하니 도저히 참석할 수 없었다. 별일 없는 일요일 오후, 우리 부부는 혁을 데리고 이도저도에 찾아갔다. 문을 열며 인사를 건네자 동그란 안경을 낀 태병권 대표가 우리를 알아보고 반가워했다. 이도저도는 마치 책으로 포근하게 감싼 다락방 같았다. 한쪽은 과학책, 한쪽은 인문학책으로 벽을 촘

신성동 이도저도

촘하게 메웠다. 과학과 연관되면 사족을 못 쓰는 남편이 왼쪽 서가에 푹 빠져들었다. 혁은 자기 허리 높이의 나직한 매대에 놓인 그림책을 가리키며 즐거워했다.

"이 책은 『코스모스』의 다른 판본인가요?" 신이 난 남편이 처음 보는 책들을 짚으며 질문을 쏟아 냈다. 태병권 대표는 막힘없이 척척 대답하며 다양한 분야로 우리를 안내했다. 천문학으로 시작한 책 추천은 페미니즘을 거쳐 무라카미 하루키를 읽어 보라는 권유로 이어졌다. 나는 아이가 책과 소품을 망가뜨리지 않도록 지켜보느라 드문드문 대화에 끼어들었다. 태병권 대표는 기타에 관심을 두는 혁을 위하여 즉석 연주를 들려주었다. 온 가족이 지난 이도저도 음악회를 들으러 왔다면 얼마나 좋았을까.

배고프다고 보채는 혁을 챙겨 나갈 채비를 했다. 태병권 대표가 추천해 준 책 중 필립 K. 딕의 『안드로이드는 전기양의 꿈을 꾸는가?』, 임소연의 『신비롭지 않은 여자들』, 조던 스콧의 『나는 강물처럼 말해요』를 골라 계산했다. 책을 소중하게 품에 안은 아이가 태병권 대표를 향해 꾸벅 인사했다. 왼쪽 서가를 통째로 살 수 없어 안타까워하는 남편을 겨우 이끌며 이도저도를 떠났다.

넉점반 그림책방

―――――――――

오늘은 '정말 이래도 되나' 싶게 좋은 날이었다. 그중에 특히 좋았던 건 넉점반@nukjeomban에서 보낸 시간이었다.

2023. 3. 1. 내 인스타그램에 쓴 일기.

지난 삼일절 오전, 우리 가족은 신세계백화점으로 향했다. 새로 단장한 6층 넥스페리움이 무료입장 행사를 연다는 소식 때문이었다. 과학 기술 교육을 목적으로 꾸며진 넥스페리움은 과학애호가 남편과 꼬마 탐구가 아들이 만족할 만한 놀이 공간이었다. 문제는 넥스페리움을 벗어난 다음부터였다. 꿈돌이와 사진 찍고 체험용으로 진열된 전자기기를 만지작거리는 것 말고는 할 일이 거의 없었다. 이 거대한 백화점 안에는 우리 취향에 맞는 공간이 별로 없기 때문이다. 신세계백화점이 인파가 넘치는 대전 명소로 자리 잡은 지 꽤 되었지만 우리는 아직 이 거대하고 화려한 공간에 정들지 못했다. 크고 멋진 선물상자 안에 꼭 내 맘에 드는 선물이 들어 있는 건 아니다. 우리 가족은 잘 알려

지지 않아 발견하는 기쁨이 큰 소박한 장소에 마음이 끌린다. 더 비싸고 더 많이 팔리는 게 언제나 더 가치 있는 건 아니라고 혁에게 가르칠 수 있는 공간을 선호한다.

백화점 한쪽 벤치에 앉아 다음으로 갈 곳을 물색했다. "대전에 그림책 전문 서점도 있네요. 여기 어때요?" 남편이 보여 준 블로그 게시글에 유천동의 한 책방이 소개되어 있었다. 즉흥 여행을 좋아하는 우리 가족은 바로 자리를 박차 그곳으로 달려갔다. 새로운 발견을 향한 꿈에 부푼 채로. 그러니까 꼭 닫힌 책방 문을 무용하게 치대기 전까지는 말이다. 모험을 사랑하는 사람이라면 이 정도 실패에 좌절해서는 안 된다. 그렇다면 오늘의 여행 주제는 그림책 책방을 찾는 탐험이다! 시무룩하던 남편과 아이의 표정에 개구쟁이 같은 미소가 차올랐다. 휴대전화 화면을 손가락으로 짚으며 다음 목적지를 가리키는 내가 보물을 찾아 항해를 지시하는 선장처럼 느껴졌다.

문을 열고 들어설 때부터 느낌이 심상치 않았다. 넉점반 그림책방에는 내공이 어마어마해 보이는 어른 세 분이 마주 앉아 정담을 나누고 있었다. 우리 모험단은 어른들의 말씀을 방해하고 싶지 않아 탁자를 비켜 조용히 거닐었다. 책방 이름과 제목이 똑같은 『넉 점 반』이라는 책이 신기해 아이와 펼쳐 보는데 김영

문화동 넉점반 그림책방

미 대표가 다가와 귀띔했다. "저기 앉아 계신 분이 이 책을 그린 이영경 작가님이에요." 우리가 우연히 이곳을 방문한 때와 『넉점 반』의 작가가 동명의 그림책방에 처음 방문한 때가 딱 겹치다니. 덕분에 우리 아이는 만 세 살에 '작가와의 만남'을 체험하는 행운을 누렸다. 책에 사인을 받는다는 게 무슨 의미인지 잘은 몰라도 작가 선생님이 편지를 써 준다니 혁은 기분이 좋았다.

넉점반 그림책방은 책으로 어린이를 돕는 일에 오랜 세월 매진한 김영미 대표가 재작년 보문산 아래에 마련한 서점이다.

시민단체 활동가와 대안학교 교사로서 고민하고 행동해 온 긴 시간이 이 책방만이 지니는 품격으로 녹아들었다. 아이들 눈높이를 고려하여 배치한 서가에는 김영미 대표가 사려 깊게 고른 책들이 가지런히 놓여 있다. 지금까지 경험한 '어린이책 전문 서점'을 돌아보았다. 수십만 원에 달하는 아동 전집이나 교과 과정에 맞춘 학습 서적으로 빽빽한 공간에서 내가 느꼈던 소외감이 떠올랐다. 그 감정이 무엇 때문이었는지 여기에 와 보니 알 것 같았다.

혁이 어떤 책을 좋아하는지, 우리가 어떻게 책을 읽어 주고 있는지 등을 김영미 대표가 세심하게 물어보았다. 어린이가 책과 만나는 경험이 무엇보다 중요한 교육이라고 여기는 김영미 대표는 책방을 찾아오는 젊은 부모들을 위하여 꼼꼼하게 상담에 나섰다. 그이가 특별히 아버지들에게 권하는 책 한 권이 있다. 마쓰이 다다시가 쓰고 이상금이 추린 『어린이와 그림책』이다. 아이를 데리고 도서관에 온 아버지들이 함께 책 읽는 방법을 몰라 우왕좌왕하는 모습을 여러 번 관찰한 후 널리 이 책을 읽히고자 마음먹었다고 한다. 『어린이와 그림책』을 산 이가 다 읽고 책방으로 돌아오면 그 값에 해당하는 다른 책을 무료로 준다. 아쉽게도 완독을 인증한 아버지는 아직 한 명도 없다고 한다(내 남편도 여태 다 읽지 못해 새 책을 선물 받지 못했다.).

"부모와 아이들이 자주 놀러 올 수 있는 공간이 되길 바랐어요. 꼭 사서 읽지 않아도 괜찮으니까 책들과 깊이 친해져서 돌아가라고요." 넉점반 그림책방 한쪽에는 신발 벗고 들어가 자유롭게 독서할 수 있는 작은 도서관이 있다. 이 오붓한 방에 풀썩 엎드려 책을 뒤적이다가 한숨 잠들어도 김영미 대표는 허허 웃고 말 것이다. 남편과 아이는 그림책을 소리 내 읽다가 이리 뒹굴 저리 뒹굴 마루 위를 구르며 한적한 오후를 즐겼다. 남편이 아이를 돌보는 사이 김영미 대표와 나는 탁자에 마주 앉아 유아 독서 지침부터 온갖 책에 관한 잡담까지 끊임없는 수다를 이어갔다.

"선생님, 승효상 건축가가 쓴 『묵상』 읽어 보셨어요?" 김영미 대표가 들려주는 유럽 건축물 순례 이야기를 이어받으며 나는 책 한 권을 소개했다. 김영미 대표가 얼른 수첩을 꺼내 제목을 받아 적었다. 한참이나 손윗사람에게, 더군다나 서점 주인에게 당돌히 책을 추천하고는 뒤늦게 쑥스러움이 몰려왔다. 곧 읽어 보겠다며 감사를 표하는 김영미 대표의 밝은 목소리가 내 겸연쩍은 마음을 감싸 주었다.

우리는 『넉 점 반』, 『어린이와 그림책』과 더불어 고요세 준

지가 쓰고 그린 『공사하는 자동차』를 샀다. 마지막 책은 우리 집 중장비 애호가가 직접 골랐다. 이미 『움푹움푹 굴착기』, 『털털털 굴삭기』, 『굴착기 포코』 등이 기실 책꽂이를 차지하고 있다. 또 중장비냐고 잔소리하려다가 계산대에 책을 올려놓는 조그마한 손이 애틋해 내버려 두었다. 몇 달이 흐른 지금, 혁은 『공사하는 자동차』보다는 『넉 점 반』을 더 자주 꺼내 읽는다. 좋은 책에는 힘이 있어서 부모가 끼어들지 않아도 아이와 잘 놀며 친해진다. 부모가 해야 할 일은 손을 잡고 친구가 있는 곳으로 아이를 데려다주는 것뿐이겠지. 아이와 함께 가야 할 곳이 백화점 바깥에 여전히 아주 많다.

"영감님, 영감님. 엄마가 시방 몇 시냐구요."
"넉 점 반(네 시 반)이다."
"넉 점 반, 넉 점 반."

나의 낭독에 맞춰 고사리 같은 손이 신중하게 책장을 넘긴다. 넉점반 그림책방에서 사 온 같은 이름의 그림책이 퍽 마음에 들었나 보다. 영감님 가겟방에 있는 드라이버는 무얼 고치는 중인지, 동네 사람들이 입고 있는 옷은 왜 요즘과 다른지, 어째서 개미들은 줄지어 다니는지 물으며 혁은 요모조모 그림을 맛보았다. "동동아, 아빠 왔다. 숙제했냐?"로 시작하는 『알사탕』의 명대사를 줄줄이 외운 혁이 곧 이 책의 아름다운 구절들도 섭렵할 테지.

그림책 『넉 점 반』은 아기가 영감님께 시간을 여쭌 넉 점 반부터 여정을 그려 나간다. 영감님 가겟방을 떠나 집으로 돌아가는 길에는 다채로운 구경거리가 가득하다. 아기는 물 먹는 닭을 구경하고, 접시꽃 핀 담장 밑에서 기어가는 개미 떼를 구경하고, 어디론가 날아가는 고추잠자리도 한참 구경한다. 그리하여 서산에 해가 뉘엿거릴 때가 되어서야 돌아온 아기는 엄마에게 반갑게 고한다. 지금 시각은 넉 점 반이라고.

어른들은 시곗바늘이 가리키는 곳만 쳐다보며 시간을 수동적으로 받아들이지만, 아기는 자기만의 생생한 감각으로 자연과 교감하며 시간을 만들어 낸다. 이 놀라운 시간 감각을 어찌 사랑하지 않을 수 있을까.

누가 장래 희망을 묻는 일이 있으면 내 남편은 주저하지 않고 불로장생이라고 답해 왔다. 흔들리지 않던 대답에서 얼마 전부터 자신 없는 어조가 비쳤다. 기술 발달 속도가 예상보다 너무 더디다며 투덜거리던 남편은 자기가 미래 시대에 태어나 기술 진보의 수혜를 입으면 좋겠다고 했다. 로봇처럼 인체 개조도 하고 싶다는 양반이니 그 마음은 분명 진심일 것이다. 그이와 오래 가까이 지내 왔지만 길게 살고 싶다는 마음에 완전히 공감하기는 어려웠다. 그래도 그이가 '더 살아가기를 바라는 사람'이라서 나는 좋았다.

내가 찾은 장수의 비결을 들려주면 남편이 기뻐할까. 어릴 적 긴 세계 여행을 다녀온 후 내 안에 다져진 고유한 시간 감각이 있다. 첫째, 우리가 갖고 있다고 말할 수 있는 유일한 소유 대상은 시간뿐이다. 둘째, 과거-현재-미래의 나는 멀찍이 떨어진 도미노 조각처럼 서로 독립된 존재다. 도미노가 기울어지면서 다음 조각을 넘어뜨리듯, 시간대마다 성글게 놓인 '나'들은 서로 영향을 주고받는다. 셋째, 시간의 처음과 끝을 이으면 유한하지만, 그 사이에 자리한 틈은 무한하다. 재생 시간이 정해진 동영상도 편집 도구로 특정 부분을 선택해 좌우로 벌리면 느린 화면이 되어 한없이 늘어나듯, 틈은 무한한 공간을 품는다.

나에게 있어 오래 산다는 건 같은 시간에 더 많은 삶

을 끌어다 놓는 일이다. 아이와 얼굴을 맞대고 웃으며 부드러운 감촉을 느끼고, 맛없는 내 음식을 기꺼이 칭찬해 주는 남편에게 고마워하고, 익숙한 산책로에서 부드러운 햇살에 감탄하며 하루를 채워 가는 일. 물 먹는 닭과 개미 떼와 잠자리를 구경하던 『넉 점 반』의 소녀가 아주 오랜 삶을 보낸 그 오후처럼. 여기까지 내 얘기를 경청한 남편이 '그래서 실질적으로 수명을 늘릴 방법이 뭐냐'고 딴지 건다면, 나는 아직 서문까지밖에 못 읽은 『이기적 유전자』를 펼쳐 들고 거실로 도망갈 것이다. 그 순간조차도 아주 소중하게 주워 담고서.

2023. 3. 5. 내 인스타그램에 쓴 일기.

정림동 빵집들

카페정림동

 배 속 아기와 부지런히 마을 산책하길 좋아하던 시절이니 불과 4년 전이다. 30년 가까이 된 아파트 단지와 조밀하게 늘어선 상가가 나란히 이웃하는 정림동. 푸근하고 편안한 동네긴 한데 젊은 세대의 취향에 맞는 즐길 거리가 좀 부족했다.

 1990년대 인기 발라드가 심금을 울리고 마시마로 토끼가 한쪽 좌석을 차지한 카페 말고, 인스타그램에서 '좋아요'를 쓸어 담을 법한 요즘 감성 카페에 가고 싶었다. 그러던 중 2층 단독주택을 개조해 만든 카페정림동이 등장했다. 드디어 정림동 문화 환경에 혁신이 일어난 걸까. 우리 동네에 이런 '힙한' 공간이 생기다니 믿을 수 없었다. 이제 멀리 나가지 않아도 집 근처에서 인스타그램 속 멋쟁이가 되는 호사를 누릴 수 있었다.

 대문을 열고 마당에 난 작은 오솔길을 따라 카페정림동에 들어서면 예전 가정집이던 시기에 품은 온기가 그대로 느껴졌다. 정림동라떼, 정림동밀크티 같은 독창적인 커피 메뉴도 맘에 들었다. 내 시선이 가장 오래 머무른 곳은 원목으로 짠 듬직한 진열장이었다. 유리문 너머에 갖가지 식사용 빵들이 탐스럽게 놓여 있었다. 씹을수록 누룽지처럼 구수한 캄파뉴, 시큼한 맛이 조금 당황스러워도 개성이 살아 있는 호밀빵, 무화과가 우아하게 풍미를 끌어올린 치즈 통밀빵. 익숙한 식빵과 바게트도 카페정림동에서 만들면 달랐다. 천연발효로 버터와 달걀 없이 빵을 만든다는 게 어떤 건지 정확히는 몰라도 그 결과물을 맛보면 왠지 고개가 끄덕여졌다.

정갈하게 자른 빵과 음료를 쟁반 위에 조심스레 모시고 가파른 계단을 올랐다. 2층은 빵을 우물거리며 여유롭게 시간을 보내기에 좋은 공간이었다. 딱딱한 빵이 입속에서 천천히 해체되며 편안한 고소함이 퍼졌다. 요란한 단맛이나 눅진한 버터 향이 질릴 때는 밥처럼 정감 있는 이런 빵이 필요하다.

입덧으로 괴로워하던 어느 날 어머니께 카페정림동에 다녀와 달라고 졸랐다. "딱 거기에서 파는 빵이어야 해요. 다른 빵으로는 안 돼요." 주택가 골목 사이에서 '숨은 카페정림동 찾기'를 하며 헤맨 지 어언 한 시간이 지나고 어머니가 집으로 돌아오셨다. 애타게 빵만 기다리는 딸 생각에 골목을 맴맴 돌았지만 이름도 낯선 그 가게는 보일 기미가 없더라며 어머니는 다리를 주무르셨다. 멀쩡한 남의 집을 염탐하듯 들여다보기 껄끄러운 나머지 카페정림동 바로 앞에서도 '설마' 하며 지나치신 모양이었다.

투박한 빵에 무슨 맛이 있다고 유난스럽게 찾는지 모르겠다는 우리 어머니. 당신은 나를 배에 품으셨을 때 생쌀이 당겨 이가 상할 때까지 꼭꼭 씹어 드셨다더니. 오도독거리는 소리가 그칠 새 없던 삼십여 년 전 그날처럼 딸을 향한 당신의 마음은 오롯이 사랑이다. 빵 없이 터덜터덜 돌아온 어머니의 빈손 안에도 가득하던 그 사랑.

출산 직후 코로나19가 창궐하여 한동안 바깥출입을 하지 못했다. 될 수 있으면 동네를 돌아다니는 것조차 자제하고 아기가 두 돌이 될 무렵까지 외식은 엄두도 내지 않았다. 카페정림동을 운영하던 부부에게도 혁과 비슷한 시기에 태어난 자녀가 있었다. 불특정 다수가 다녀가는 업장을 운영하기에는 아이 걱정이 커서 당분간 쉬기로 한 걸까. 굳게 잠긴 카페정림동의 대문을 종종 확인하며 사람 모인 곳에 가길 겁내는 내 처지를 대입하곤 했다.

이제 우리 아이는 어른 하나 몫을 거뜬히 먹는 네 살 어린이가 되었다. 혁과 함께 부지런히 빵 탐험에 나설 준비가 되었건만, 네이버 지도에 실린 카페정림동 리뷰는 주인장과 출산 준비 이야기를 나누던 그때 그 시절에 멈춰 있다. 스쳐 지나가던 발걸음을 일부러 돌려 그 대문 앞에 멈춰 보았다. 언제 배달되었는지 모를 오래된 우편물만이 덩그러니 놓여 있었다. 그동안 카페정림동에 무슨 일이 있었던 건지 궁금했지만 더 나아가지 않았다. 호기심은 그리움으로 덮어 두고 카페정림동과 함께한 추억을 간직하기로 했다. 우리 동네에 들어선 멋스러운 빵집들의 맨 앞에 카페정림동이라는 가게가 있었다고, 그곳에는 어머니의 사랑처럼 담박한 빵들이 있었다고, 어느 잠이 오지 않는 밤에 아이에게 들려주어야지.

싱크오어스윔

우성아파트 건너편에서 정림삼거리 방향으로 조금 올라가다가 오른쪽으로 고개를 돌리면 빼꼼 튀어나온 정육면체와 눈이 마주친다. 바로 싱크오어스윔의 간판이다. 굳이 골목을 지나야만 하는 동네 사람이 아니라면 여기 가게가 있다는 걸 알아채기도 쉽지 않다. 하지만 빵 애호가들은 이런 귀한 곳을 어떻게든 알아내 멀리서부터 척척 찾아온다. 정림동 뒷골목에 있는 이 귀여운 가게에는 기꺼이 발품 팔 수밖에 없는 매력이 있다. 운 좋게도 정림동에 사는 우리 가족은 싱크오어스윔의 특별함을 일찌감치 알아차리고 부지런히 그곳을 드나들었다.

'싱크 오어 스윔(Sink or Swim)'. 곰곰이 생각하면 의미심장한 이름인데 나에게는 다정하고 따뜻하게만 느껴진다. '싱오스', '싱퀄쉽' 같은 괴상한 별명을 지어 부르는 남편, 그리고 가게 이름이 적힌 스티커를 거실에 다닥다닥 붙이며 노는 아들. 그 둘도 여기를 편안하고 즐거운 장소로 기억할 것이다.

우리 셋이 각자가 좋아하는 책을 챙겨 와 함께 읽을 때도, 내 친구를 우리 동네에 초대해 이야기꽃을 피울 때도, 혼자 노트

정림동 싱크오어스윔

북 앞에 앉아 원고를 고칠 때도, 싱크오어스윔은 언제나 적절한 공간이 되어 준다. 단정히 한 갈래로 묶은 머리와 선량한 눈매가 특징인 젊은 주인장이 계산대와 주방을 오갔다. 그이는 적당한 관심과 호의가 무엇인지 잘 아는 현명한 사람이다. 손님의 시간을 배려하는 적당한 무관심과 아이의 발걸음을 환영하는 부드러운 시선. 주인장의 세심한 태도 덕분에 싱크오어스윔은 균형을 유지한다. 몇 번 가던 카페나 식당에서 친근하게 알은체를 시작하면 다시는 발 딛지 못하는 나 같은 사람도 편안하게 단골이 되었다. 물론 빵과 과자를 빼놓고는 이곳의 탁월함을 온전히 설명할 수 없다. 특히 다쿠아즈라면.

'마카롱을 조금 길쭉하고 폭신하게 만들면 다쿠아즈가 아닐까' 싶을 정도로 둘은 비슷하다. 파리에서 처음으로 마카롱을 맛본 이후 나는 이 동그랗고 단단한 과자에 마음을 빼앗겼다. 언젠가부터 그 애정이 다쿠아즈로 옮겨 간 이유는 마카롱의 인기가 너무 많아진 탓이다. 즐겨 찾던 장소가 사람들로 북적이기 시작하면 슬그머니 빠져나와 한적한 곳으로 향하는 심리랄까. 어느 프랜차이즈 카페에서 마카롱을 주문했다가 냉동실에서 막 꺼내 포장도 벗기지 않은 채로 받은 적이 있다. 투명한 비닐 포장지 위에 인쇄된 제조 일자는 지난해 어느 날을 가리켰다. 위생이 보장된 냉동식품을 흠집 낼 이유는 없지만, 퍼석하고 느끼한 마카롱을 깨물며 조금 슬픈 기분이 들었다. 표준에 맞춰 대량 생산한 마카롱에서는 만든 이의 얼굴이 보이지 않았다. 대량 생산은커녕 판매처를 발견하기도 쉽지 않은 다쿠아즈는 아직 그런 아쉬움과 거리가 멀다. 정성스레 구운 다쿠아즈를 한 입 베어 물면 오븐 앞에 선 제과사의 표정이 생생히 떠오른다. 싱크오어스윔에서 다쿠아즈를 맛볼 때마다 내 입은 이런 사치를 누린다.

누텔라초코, 솔티드카라멜, 크림치즈, 흑임자…… 방문할 때마다 진열장을 채운 다쿠아즈의 종류는 달라진다. 너무 쫀쫀하지도 너무 성기지도 않은 적당한 질감. 싱크오어스윔이 만든 다쿠아즈의 가장 큰 미덕은 이 오묘함이다. 사실 나에게 제과의 가치를 줄 세워 평가할 식견은 없다. 어쩌면 내 입맛에 딱 맞는 이 다쿠아즈들이 궤도에서 벗어난 괴짜일지도 모른다. 정통 조리법과 다르게 쌀을 재료로 사용하기 때문이다. 하지만 상관없다. 정석을 따지는 학자처럼 깐깐하게 가릴 필요 없이 그저 싱크오어스윔의 다쿠아즈를 사랑하는 사람으로 남으면 족하니까.

원고 수정을 이어 가느라 남편에게 육아를 맡기고 혼자 싱크오어스윔에 갔다. 탁자에 노트북을 내려놓고 진열장으로 걸어가니 주인장이 빙긋 웃음을 건넸다. 오늘따라 괜히 내 이야기를 풀어놓고 싶은 마음이 일었다. 계산대 앞에 서서 주절주절 원고 작업 근황을 알렸다. 앞치마를 정갈하게 갖춰 입은 주인장이 귀를 쫑긋 세우고 경청했다. 잠시 후 그가 조용히 다가와 글쓰기에 도움 될 것 같다며 책 한 권을 내밀었다. 아무리 단골이라지만 커피 한 잔 주문했을 뿐인데 무려 책 선물이라니요. 정오가 가까울 무렵에는 출출할 것 같다며 새로 선보인 디저트 쌀티그레도 가져다주었다. 아니, 오늘 마신 커피도 그동안 모은 쿠폰으로 계산했는데요. 근데 쌀티그레 이거 되게 독특하고 맛있잖아. 내가 싱크오어스윔을 사랑할 수밖에 없는 이유가 또 하나 늘었다.

우디라이크

───────

혁이 다니는 어린이집에서 서구어린이도서관으로 향하는 길 중간에 우디라이크가 있다. 아이 손을 잡고 어린이집 가방을 덜렁거리며 걷다 보면 그 디저트 천국이 어김없이 나를 유혹한다. 우디라이크에서 브레드푸딩, 정확히는 딸기요거트치즈푸딩을 처음 맛본 날 느꼈던 충격이 여전히 또렷하다. 빵과 크림을 뒤섞은 듯도 하고 딸기 요거트 같기도 한 묘한 겉모습. 한 입 떠먹고 나니 감탄이 터져 나왔다. '이렇게 맛있는 음식이 존재하다니!' 상큼함과 부드러움이 식상하지 않게 조화를 이루는 황홀한 경험이었다. "앞으로 내가 우울해 보이면 우디라이크에서 딸기요거트치즈푸딩을 포장해 갖다주세요." 한 컵을 싹싹 비우고 나서 남편에게 전한 말은 진심이었다. 이 음식을 먹을 수 있다는 사실만으로도 세상은 살아갈 만한 곳이라 느껴졌다.

이날 나는 무엇 때문에 그리 우울했을까. 며칠 지난 후 우디라이크에 다시 들러 딸기요거트치즈푸딩을 주문했다. 영롱한 분홍빛 크림과 보드라운 치즈를 숟가락으로 듬뿍 퍼 음미하다가…… 어라, 이게 아닌데. 들어서기 전부터 친구에게 화려한 추천사를 쏟아 낸 내 입이 머쓱하게 느껴질 정도였다. 친구는 역시 네 말대로 맛있다며 엄지손가락을 치켜들었지만 이건 엊그제 먹은 브레드푸딩과 전혀 달랐다. 변치 않을 것 같던 천상의 맛도 단지 기분이 빚은 찰나일 뿐이었다니. '우울할 때 다시 먹겠다'는 결심이 '지금 힘드니 알아봐 달라'는 내면의 외침인 줄 알지 못했다.

마음의 소리를 살펴 듣는 게 쉬운 일은 아니다. 그럼에도 기꺼이 나 자신과 가까워지길 원한다면 거창한 각오 대신 딸기요거트치즈푸딩과 숟가락을 준비하자. 한 숟가락, 또 한 숟가락, 입과 코의 감각에 온전히 집중한다. 드디어 마음 가장 안쪽에서 웅크리고 있던 이야기가 들리기 시작한다. 딸기가 참 신선하구나. 어릴 때 엄마가 구워 주신 카스테라가 떠오르네. 오늘은 이런 위로가 필요한 하루였지. 무사히 잘 견뎌내 줘서 고마워.

우울한 날이 아니더라도 우디라이크에 브레드푸딩을 먹으러 갈 이유는 충분하다.

명지제과

칸막이 너머로 나와 책상을 마주하는 찬 주무관은 우리 동네에 꽤 자주 온다. 매주 일요일 정림동의 한 교회에 아내와 아들을 데려다주고 본인은 근처에서 꿀 같은 휴식을 만끽한다고 했다. 가만히 웃는 모습을 보니 가족을 기다리며 혼자 보내는 시간이 흡족한 모양이다. 절대 실망하지 않을 만한 곳 하나를 추천해 주겠다고 하니 찬 주무관이 얼른 메모장 앱을 실행했다. 소금베이글, 라즈베리치즈케이크, 마카다미아쿠키 따위가 줄을 바꿔가며 화면을 채웠다. 메모 제목은 '명지제과'였다.

주말을 보내고 온 찬 주무관이 내 책상 쪽으로 넘어왔다. 추천해 준 케이크에 아인슈페너를 곁들이니 훌륭했다며 내게 말을 붙였다. 정림동에 우디라이크만큼 만족스러운 빵집이 또 있을 줄은 몰랐다고 감탄을 이어 갔다. "둘 다 진짜 맛있지 않아요? 근데 명지제과도 우디라이크 사장님이 운영하는 가게래요." 그런 건 도대체 어떻게 알아내는 거냐며 찬 주무관이 나를 신기하게 쳐다봤다. 어떻게 알긴요, 이 동네 살다 보면 다 알아내는 수가 있지요.

우디라이크가 달콤한 디저트에 중점을 둔다면 명지제과는 식사로도 적절한 담백한 빵에 주력한다. 우디라이크의 소금빵과 명지제과의 롤케이크가 든다면 서운할 것 같지만 거칠게 나눠 그렇다는 말이다. 다르고도 비슷한 두 빵집이 형제지간이라는 건 우연히 주워들었다. 하원 길에 열심히 엄마를 설득한 혁이

정림동 명지제과

162　낯설고 다정한 나의 도시

싱글벙글하며 우디라이크로 들어간 날이었다. 큰 소리로 인사한 혁이 진열장을 유심히 관찰하더니 달큰한 향이 감도는 바나나푸딩을 골랐다. "이 친구가 빵돌이라서 정림동에 안 가 본 빵집이 없어요." 아이를 다정히 바라보던 직원들이 흥미로운 정보를 귀띔했다. 우리 가족이 얼마 전부터 드나들기 시작한 명지제과가 다름 아닌 우디라이크 2호점이라고.

단골식당으로 삼은 경양식집이 갑자기 폐업해 상심하던 시절, 정림초등학교 지나 강변식당과 대명반점 사이 골목을 기웃거리면 그 식당이 떠난 자리가 썰렁해 허전했다. 올봄 새로운 가게가 들어서서 얼마나 반가웠는지. 가정집 명패처럼 간소하게 걸어 놓은 간판에서 명지제과라는 이름을 발견했다. 옛날 제과점에 대한 향수가 느껴지는 상호였다. 대기업 제과점이 전국을 장악하기 전에 동네마다 자리하던 다양한 빵집을 떠올리며 안으로 들어섰다. 고전적인 상호와 더불어 예전 경양식집 시절 내부 구조를 그대로 유지한 점도 명지제과의 오붓한 분위기에 한몫했다. 묘하게도 이런 복고풍 덕분에 명지제과만의 참신함이 두드러졌다. 가구와 소품을 세련되게 배치하고 요즘 유행하는 빵으로 진열장을 채운 명지제과의 전략은 정확히 새로운 세대를 겨냥했다. 한마디로 인스타그램 업데이트할 맛이 난다는 뜻이다.

나도 오늘 명지제과 한구석에 앉아 사진을 여러 장 찍었다. 대파빵과 크림커피, 그리고 낡은 노트북을 탁자 위에 가지런히 모아 놓고 그럴듯하게 분위기를 냈다. 가장 마음에 드는 한 장을 무심한 듯 인스타그램에 올리며 요즘 방식으로 공간을 만끽했다.

보통은 아이를 재우고 난 여유시간에 조금씩 원고를 작성해 왔는데, 마음만큼 앞으로 나아가지 않는 글이 나를 초조하게 하니 좀 더 원고에 골몰하고 싶은 욕심이 생겼다. 어머니께 아이를 부탁드리고 노트북을 챙겨 명지제과로 나왔다. 퇴근하자마자 작업을 시작해 까만 밤이 드리우는지도 모르고 집중했다. 어머니의 배려로 확보한 틈새 덕에 가뿐히 한 고개를 넘었다. 졸린 혁이 투정 부린다는 연락으로 집에 돌아가기 전까지 마음껏 이 시간을 즐겼다. 겉보기에 특별하지 않은 카페 나들이가 내게는 간절히 구해서 얻은 사치스러운 외출이었으므로.

빵을 오물오물 씹으며 무표정하게 키보드를 두드리다가 잠시 멈췄다. 대파와 크림치즈가 섞여 이루어 내는 현란한 감칠맛 사이에서 베이글이 묵직하게 중심을 잡는다. 노트북에서 시선을 거두고 손아귀에 든 대파빵을 지긋이 바라보았다. 먹고 자고 일하고 아이 키우는 뻔한 일상에서 잠깐 벗어나 내가 오롯이 나로서 존재하는 이 순간. 빵의 향과 맛과 촉감, 그리고 지금 여기 살아 있다는 감각을 실컷 누렸다.

　찬 주무관이 명지제과에서 보낸 일요일 낮은 어떤 시간이었을까. 함께하는 일상으로 거뜬히 돌아갈 만큼 만족스러운 고독이었기를 바란다.

　(2024년 1월 우디라이크가 정림동을 떠났다. 이 사실을 내게 처음 알려 준 사람은 찬 주무관이다. 부디 명지제과는 우리 동네에 오래오래 남아 주길.)

파리바게뜨

카페정림동부터 명지제과까지 내가 좋아하는 정림동 빵집들은 사실 제과점보다는 카페에 더 가깝게 생겼다. 무심한 사람이라면 빵 진열장을 발견하지 못하고 커피 한 잔만 마시고 떠날 수도 있다. 건축물대장이나 영업신고서 따위 서류가 이 가게들을 어떤 업종으로 규정하든 간에, 나는 이들을 순순히 빵집이라 불러 주고 싶다. 매일 반죽을 빚어 오븐에서 구워 내는 곳. 간판만 바라보아도 보송한 빵이 떠올라 설레는 가게. 빵집이란 이름을 지니기에 모자람이 없다. 물론 내가 빵집을 어떻게 정의하든 우리 어머니 머릿속에서 정림동 빵집은 오직 한 곳뿐이다. "원래 두 개였어. 근데 길 건너 뚜레쥬르가 망하고 파리바게뜨만 남아서 하나가 된 거지."

예전에 카페정림동의 통밀빵을 사다 드렸더니 뜨악한 표정을 지으시던 모습이 생각난다. 좋은 재료로 만들어 건강에 도움이 되고 구수한 맛이 좋고 어쩌고저쩌고……. 잡상인이 효능을 설명하듯 빵을 극찬하다가 그만두었다. 어머니는 '파리바게뜨가 아닌 곳에서 만든 빵'을 '믿을 수 없는 빵'이라 판단하고 계셨다. 내가 선보인 빵들은 미인가 업체가 길거리 좌판에 내놓고 파는 식품 취급을 받았다. 우리 동네에서 당신이 빵집으로 인정하는 곳은 오직 파리바게뜨뿐이므로. 그동안 드셔 본 파리바게뜨 빵과는 다른 낯선 풍미가 입맛의 문을 여는 데 걸림돌이 되었다. "아무 맛도 없는 빵이 가격은 되게 비싸네." 역시 대기업에서 정확하게 만드는 빵이 믿고 사다 먹을 만하지. 괜히 전국적으로 지점이 있겠어.

성심당도 파리바게뜨의 기세에 살아남지 못했다. 어머니가 막내 이모와 함께 대전역 지하상가에 구경 나갔다가 시간이 남아 성심당에 들르신 날이 있었다. 대전에 주소를 두고 지내신 세월이 20년이 넘었는데 그게 처음이자 마지막 성심당 방문이었다. 다들 성심당이 최고라며 모여드니까 사람 구경하러 가신 셈이다. 어머니는 긴 줄을 따라 빵 진열대 주위를 이동하며 무얼 살지 둘러보셨다. 죄 비슷하게 생긴 수십 가지 빵들은 이름조차 낯설어 구미가 당기지 않았다. 마침내 쟁반 위에 오른 건 당신이 잘 아는 크림빵과 찹쌀도넛이었다. 파리바게뜨에서 보았던 바로 그 빵들.

성심당의 연관검색어로 나열되는 보문산메아리와 순수롤, 오키도키슈, 교황님의 치즈스콘…… 대신 크림빵과 찹쌀도넛을

담은 봉투가 나에게 건네졌다. "너 성심당 빵 좋아하지. 엄마가 사 왔어." 감사함과 아쉬움이 뒤섞인 애매한 마음으로 어쨌거나 맛있게 먹었다. 더는 어머니가 인파를 뚫고 성심당에 가는 일은 없었다. 내가 틈틈이 성심당에서 사다 드린 각양각색 빵들은 모조리 어머니의 입맛을 비켜 갔다.

요기요 앱에서 할인 소식 확인하는 법을 아버지께 가르쳐 드리고 나서 종종 후회한다. 집에 쌀 떨어질세라 염려하듯 끊임없이 파리바게뜨 롤케이크를 사들이시는 모습을 볼 때마다 그렇다. 먼저 집에 온 녀석에게 순서가 밀린 새 롤케이크가 냉장고에서 다소곳이 자기 차례를 기다릴 때도 있다. 아버지는 오늘 저녁에도 '12,000원 이상 구입 시 3,000원 할인'을 알뜰하게 적용하여 롤케이크를 포장 주문하셨다. 당신의 요기요 주문 내역을 열람해 보면 이름이 약간씩 다를 뿐인 파리바게뜨 롤케이크들이 차곡차곡 쌓여 있을 것이다. 실키롤케이크, 한라봉롤케이크, 블루베리롤케이크, 녹차롤케이크……. 그 이름들 사이에 독과점 시장 형성, 기업의 사회적 책임 외면 같은 말들이 겹쳐서 나는 자꾸 입안이 까끌까끌하다.

빵 별로 좋아하지도 않으시면서 왜 그리 롤케이크를 사다 나르시는 거예요. 간식 사는 데 용돈을 낭비하는 어린아이라도

된 듯 가만히 내 잔소리를 듣고 계시던 아버지. 당신이 해맑게 웃으며 내놓으신 답변 때문에 나는 이제 롤케이크 행렬에 어깃장 놓을 수 없다. "엄마가 좋아해. 이 빵만 먹어." 내 앞에 앉은 소년에게 파리바게뜨 롤케이크는 사랑한다는 말 대신이었다. 빨간 펜으로 한 글자도 고치지 않고 상대를 온전히 인정해 주고 싶은 마음, 그게 사랑이 아니라면 무얼까. 네 어머니가 좋아하는 게 이거니까, 그게 네 어머니니까. 또 다른 선택지도 존재한다며 어머니 앞에 꾸역꾸역 들이밀고 마는 나의 마음은 아직 닿지 못한 곳이었다.

헤맴과 여행

헤매고 또 헤매겠지만

―――――――――――

 나는 여전히 대전이 낯설다. 초행길은 물론 열 번 간 길도 제대로 기억하지 못할 정도로 변변찮은 공간지각능력 탓이다. 서대전네거리와 서대전네거리역과 서대전역네거리를 분간하지 못하는 수준이라면 걱정도 없겠다. 수없이 가 본 타임월드 뒷골목과 으능정이에서도 매번 길을 잃고 맴맴 돈다. 우리 동네와 맞붙은 도마동은 가이드북이 없는 미지의 나라처럼 느껴진다. 8년 차 대전 공무원으로 생활하는 지금까지도.

 덕분에 여전히 대전이 새롭다. 익숙한 자리에서 한 걸음만 벗어나도 모험이 시작된다. 이미 잘 아는 곳 같아도 조금 비껴나 옆모습을 들여다보면 다른 매력이 있다. 개성 있는 독립책방이 문득 눈에 띄고 아담한 빵집에서 풍기는 버터 냄새가 나를 홀린다. 그렇게 마음에 담고 싶은 장소가 끊임없이 생겨났다. 언젠가는 이 도시의 곳곳을 책으로 묶어 내고 싶었다. 8년 동안 이 도시를 헤맸고 그만큼 예민하게 이 도시를 사랑했으니, 어쩌면 당연한 일이었다.

 "호우주의보가 해제돼서 갑자기 시간이 생겼거든요. 뵈러

가도 될까요?" 휴대전화 너머로 잠깐 정적이 흘렀다. 기상특보와 난데없는 방문 사이의 연결고리를 찾고 있으리라. 이름이나 직함도 없이 '○○출판'이라고 저장된 통화 상대가 내 말뜻을 알아차리고 호쾌하게 웃었다. "아, 비가 그쳐서 퇴근하실 수 있군요."

전날 저녁 출판사로부터 첫 연락을 받았다. 만나서 출간에 대해 상의하고 싶으니 가능한 때를 알려 달라고 했다. 나는 반가움이 가득 담긴 목소리로 모호한 대답을 내놓았다. "감사합니다. 퇴근 후라면 언제든지 뵐 수 있습니다. 음, 비가 쏟아지지만 않는다면요." 요즘 날씨가 제멋대로라 쭉 비상근무 대기 상태다. 기상예보만 믿고 사나흘 후의 만남을 미리 정해 두었다가는 당일에 속수무책으로 파투 내기 십상이었다. 관청 직원의 노고를 구구절절 전해 들은 출판사 담당자가 '봐서 맑은 날에 다시 약속을 잡자'며 통화를 마무리했다.

다음 날 장화를 챙겨 신고 출근길에 나섰다. 버스 창밖의 거센 빗줄기를 바라보고 있자니 퇴근이 아득하게 느껴졌다. '어제 연락에 들떠서 당장 만나자고 했다면 야단이 났겠지.' 중기 예보를 골똘히 들여다보며 싱숭생숭한 마음으로 사무실에 도착했다. 언제쯤 무사히 약속을 잡을 수 있을까.

예상치 못하게 비가 쏟아진다는 건 거꾸로 생각하면 깜짝

선물처럼 날이 갤 수도 있다는 뜻이다. 오후가 되자 하늘을 뒤덮고 있던 먹구름이 거짓말처럼 흩어졌다. 기상청이 호우주의보를 해제하자마자 부리나케 출판사로 전화를 걸었다. 황급한 방문 요청은 다행히 기분 좋게 승낙을 얻었다.

"예, 위치는 미리 찾아봐서 알고 있습니다. 그림책방 건물 2층에 계시지요?" 출판사 홈페이지를 통해 여러 번 확인했기에 자신만만하게 말했다. 기회만 되면 달려가려고 눈도장 찍어 둔 장소였다. "아니요, 거기 말고요. 공사장 지나서 쭉 오시면요." 엉뚱한 위치를 확신하고 있었다.

제대로 찾아가기 위해 설명에 온 신경을 집중했다. 대전근현대사전시관이라는 익숙한 이름이 들려왔다. "그럼요. 어딘지 알죠." 얼른 대답하는 동시에 내 머릿속 지도를 훑어보았다. 어라, 이게 무슨 일이지. 허허벌판 위에 대전근현대사전시관만이 외로이 서 있었다. 이런 엉터리 지도가 어디 있담. 이대로는 아무것도 알 수가 없다. 조금이라도 체면을 세우고 싶어 수능 듣기 평가에 임하는 심정으로 설명을 따라갔다. 진짜 시험이었다면 나는 분명 0점을 맞았을 것이다. 수화기에서 흘러나오는 아주 간단한 안내 사이에서 완전히 길을 잃었기 때문이다.

"저…… 잘 모르겠습니다. 네이버 지도 앱에서 GPS 켜 놓고 찾아가면 도착할 수는 있습니다. 어떻게든 가겠습니다." 나의 당황을 눈치챈 담당자가 정말 찾아올 수 있겠냐며 걱정을 드러냈다. 불안을 더하고 싶지 않아 정신을 바짝 차렸다. 사실 지도 앱에 '내 위치 표시' 기능만 있다면 어디든지 갈 수 있다. 세계 어느 나라에 가든 구글 지도 앱을 믿고 활개 치던 나니까 말이다. 기어가던 목소리가 제법 씩씩해지고 상대도 안심했다. 통화를 마치고 지도 앱을 열었다. 출발지에 우리 사무실, 도착지에 출판사, 경로 검색 시작. 길을 따라 쭉 뻗은 파란 선 위로 새침한 말풍선이 눈에 띄었다. '7분'. 도보로 고작 7분 걸리는 거리였다.

어쩐지 좀 익숙하더라. 불과 며칠 전 식후에 커피나 마시자며 동료들과 걸었던 길이니 당연했다. 게다가 몇 년 전에 방문한 적도 있는 건물. 처음에 잘못 짚었던 위치인 그림책방 건물로부터 몇 걸음 떨어지지 않았다. 내가 영 틀리지는 않았군. 왠지 자신감이 생겨 무모한 도전을 감행했다. 나는 지도 앱을 완전히 끈 채로 사무실을 나섰다.

평범하게 생긴 공무원이 퇴근 시간 무렵 직장 근처를 걷고 있다. 7분 걸릴 거리를 20분 넘게 헤매고 있다는 사실은 아무에게도 들키지 않았다. 약속 시각은 가까워지는데 약속 장소는 여전히 멀다. 나는 어쩔 수 없이 지도 앱을 다시 실행하고 경보 선

수처럼 질주하기 시작했다.

시곗바늘이 꼿꼿한 몸짓으로 약속 시각을 가리켰다. 가쁜 숨을 가다듬고 출판사 문을 두드렸다. 익숙한 목소리의 담당자와 출판사 직원들이 나를 반겼다. 무사히 여기까지 온 것만으로도 환대받을 자격을 갖췄다는 듯이.

편집 업무를 맡고 있다는 막내 직원이 커피 한 잔을 다정히 건넸다. "저도 정림동 우디라이크 진짜 좋아해요." 그이는 나와 같은 동네에 산다고 스스로를 소개하며 수줍게 웃었다. 우리에게는 정림동과 선화동을 오가며 출퇴근한다는 공통점이 있었다. 일탈하고 싶은 날에는 시외구간 요금을 더 내고 2002번 버스를 타곤 한다며 둘만 아는 농담으로 폭소를 터트렸다.

"제가 아는 동네라서 그런지 글이 생생하게 읽히더라고요. 작가님이랑 같이 구석구석 돌아다니는 기분이었어요." 내 글을 읽은 이가 나를 작가라 부르자 가슴이 짜르르했다. 글 쓰는 사람을 자처하는 일만으로도 행복했기에 작가님이라는 호칭에 몸 둘 바 몰랐다. 내 글을 어떻게 평가하는지와 상관없이 나와 대화하고자 기꺼이 자리를 마련한 출판사 분들에게 고마웠다. 원고에 담은 장소를 고른 기준은 무엇이었는지, 글쓰기를 하며 어떤 변화를 겪었는지, 도시와 사람의 관계에 대해 어떻게 바라보고 있는지 따위를 쉴 새 없이 주절댔다.

    가벼운 긴장으로 시작한 미팅이 어느새 유쾌하게 흥성였다. 본래 목적인 출간 논의를 제치고 각자가 발견한 대전의 재미를 뽐내는 판이 벌어졌다. 나는 대전에 얼마나 많은 다정함이 숨어 있는지 꺼내 놓느라 신이 나서 들썩거렸다. 다음 일정을 지키기 위해 냉철하게 미팅 종료를 선언한 담당자 덕에 겨우 자리에서 일어났다. 하마터면 집에 가기 싫어하는 골목 꼬마들처럼 해가 지고 밤이 깊도록 이야기 나눌 뻔했다.

    비가 그친 저물녘 선화동 거리는 고요했다. 인도에 빗물이 괴어 생겨난 웅덩이를 찰팍 밟아 보았다. 투박한 고무장화가 가뿐하게 느껴졌다. 앞으로도 헤매고 또 헤매겠지만 이 도시에서 살아가는 것만으로 다 괜찮은 기분이 들었다. 지도 앱의 도움을 받지 않고 내 힘으로 찾아갈 수 있는 장소들도 늘어나고 있다. 천천히, 아주 천천히.

    (나는 결국 ○○출판과 출간계약을 하지 않았다. 이 사실마저 나에게는 헤맴의 경험이기에 여기에 적는다.)

떠나보내며

커다란 배낭을 메고 막 인천공항으로 들어온 10년 전 여름처럼 틈날 때마다 책 작업에 매달리고 있다. 그때만큼 글 쓰고 편집할 시간이 넉넉히 주어지진 않는다. 일하고 육아하고 집안일 해치우고 나면 짤막한 여유가 겨우 생긴다. 서둘러 작은 책상과 노트북이 있는 옷방으로 종종걸음 친다. 간소한 나만의 작업실에서 한두 문단을 써내며 깊은 밤을 맞이한다.

나의 두 번째 책을 응원하며 주말 육아를 도맡은 남편 덕분에 거북이걸음처럼 느리기만 한 작업이 무사히 마무리되었다. 노트에 무언가 끄적이는 나를 물끄러미 쳐다보던 혁이 괜히 말을 붙인다. "엄마는 박유미 작가라서 글 쓰는 거지요?" 아빠와 귀엣말을 속닥거리던 아이가 씩씩하게 인사하고 밖으로 나선다. "담 넘는 거 엄마한테는 비밀이야." 아빠와 둘이 아파트 담벼락을 훌쩍 넘으면 바로 앞에 갑천이 흐른다. 햇볕에 팔다리가 까맣게 타는 것도 모르고 물수제비 뜨고 흙바람 일으키며 한참을 논다. 정림동은 이제 부모님의 동네가 아니라 '우리의 동네'가 되었다. 나는 이제 갑천이 얼마나 아름답고 풍요로운 강인지 흠뻑 느

정림동 갑천 풍경

낄 수 있다.

    대책 없는 퇴사와 방랑을 품어 주고 수험생활 뒷바라지까지 하신 부모님은 이제 외손자의 어린이집 등하원 일정에 매이셨다. 좀 독립해 나가나 싶던 딸은 바로 코앞으로 이사 왔다. 속 좋게 헤헤 웃는 사위와 조랑조랑 대꾸를 잘하는 손자 녀석을 데리고. 내가 이 책을 쓸 수 있는 건 두 분의 사랑 덕택이다. 가장 먼 곳으로 나아가도 나의 가장 안쪽에서 언제나 두 분이 기다리고 계셨기에 오늘도 무사히 여행하고 있다.

    사람들을 만나 이야기 나누고 친구가 되는 게 도시에서 할 수 있는 제일 귀한 경험이라고 믿는다. 이 책은 내가 만난 대전 사람들에 관한 책이기도 하다(내 친구 솔도 곧 대전 사람이 될 거라고 치자.). 그들이 내게 '박유미의 도시'를 만들어 주었다. 이 책을 읽는 분들도 각자의 보물로 '자기만의 도시'를 즐겁게 채워 나가면 좋겠다.

"1년 동안 세계 여행하고 나면 뭐가 달라지느냐?"는 질문에 대하여 10년에 걸쳐 풀어놓은 답을 갈무리했다. 이 책을 무사히 펴내 드디어 지난 10년을 떠나보낼 수 있게 되었다. 그 빈자리에 찾아올 새로운 내가 기대된다.

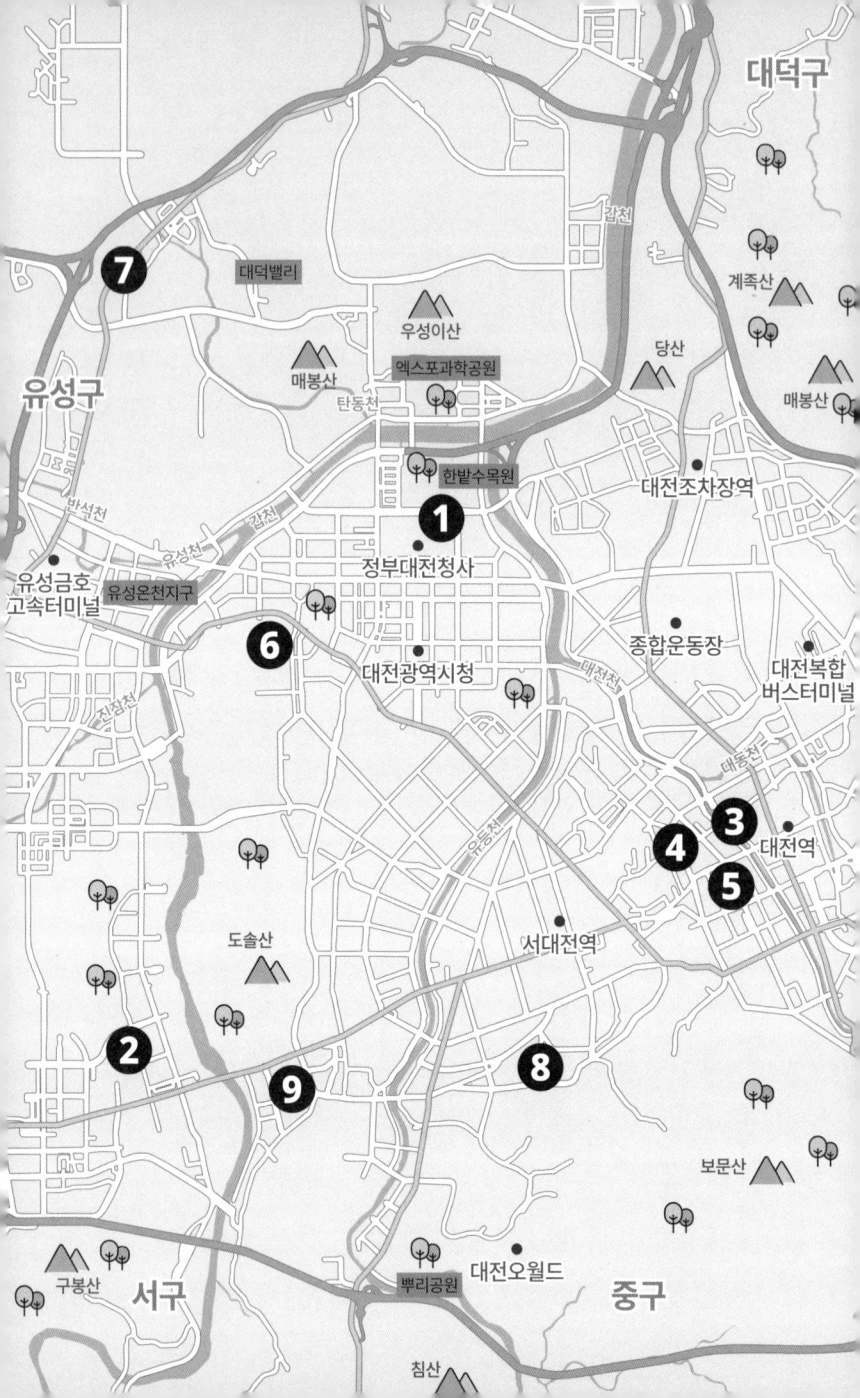

책에서 소개한 장소들

① 서구 만년동 · 이응노미술관(38쪽)
② 서구 도안동 · 도안 유아숲체험원(91쪽)
③ 동구 중동 · 대전트래블라운지(99쪽)
④ 중구 선화동 · 프렐류드(103쪽)
· 커먼즈필드 대전(107쪽)
⑤ 중구 은행동 · 다다르다(123쪽)
⑥ 서구 갈마동 · 한쪽가게(128쪽)
⑦ 유성구 신성동 · 이도저도(136쪽)
⑧ 중구 문화동 · 넉점반 그림책방(139쪽)
⑨ 서구 정림동 · 싱크오어스윔(154쪽)
· 명지제과(161쪽)

박유미 에세이

낯설고 다정한 나의 도시

지은이　박유미
표지·내지 편집 디자인　이송은
펴낸이　이용원
펴낸곳　월간토마토
펴낸날　2024년 10월 21일
인쇄　영진프린팅
등록　2019. 11. 26(제2019-000027)
주소　대전 중구 모암로13번길 36. 1층 월간토마토
팩스　0505-115-7274
인스타그램　@wolgantomato
이메일　mtomating@gmail.com

· 이 책은 저작권법에 따라 보호받는 저작물이므로 무단 전재와 무단 복제를 금하며, 이 책 내용의 전부 또는 일부를 이용하려면 반드시 저작권자와 월간토마토의 서면 동의를 받아야 합니다.

ISBN 979-11-91651-26-3 (03800)
©2024 월간토마토 Printed in Korea　　　　　　　　　　값 12,000원